THE LIBRARY
ST. MARY'S COLLEGE OF MARYLAND
ST. MARY'S CITY, MARYLAND 20686

Yo sólo soy memoria

Patricia Rosas Lopátegui

Yo sólo soy memoria
Biografía visual de Elena Garro

EDICIONES

S.A. DE C.V.
MONTERREY
NUEVO LEON
MEXICO

Coordinación editorial:
Juan Guillermo López

Diseño:
Leonardo Arenas

Digitalización y restauración fotográfica:
Casey Reed, Ben Harrison

Tipografía:
Pedro Luis García

© Derechos reservados por la autora:
Patricia Rosas Lopátegui

Yo sólo soy memoria
Biografía visual de Elena Garro

© Primera edición, 2000
Ediciones Castillo S. A. de C. V.
Priv. Francisco L. Rocha No. 7
Col. San Jerónimo
C. P. 64630, A. P. 1759
Monterrey, N. L., México
e-mail: castillo@edicionescastillo.com
www.edicionescastillo.com

Miembro de la Cámara Nacional
de la Industria Editorial Mexicana
Registro No. 1029

ISBN 970-20 0088-2

Prohibida la reproducción o transmisión parcial o total de esta obra en cualquier forma electrónica o mecánica, incluso fotocopia o sistema para recuperar información, sin permiso del editor.

Impreso en México
Printed in Mexico

Índice

Introducción | IX

Capítulo I | 1
• Infancia: bajo los signos de la magia, la imaginación y los libros
1920-1934

Capítulo II | 17
• Adolescencia y matrimonio con Octavio Paz
1934-1963

Capítulo III | 79
• 1968: el signo de la calumnia
1963-1972

Capítulo IV | 95
• El silencio y la soledad en el exilio
1972-1993

Capítulo V | 107
• El reencuentro con México
1993-1998

Epílogo | 123

Bibliografía de Elena Garro | 124

Bibliografía y hemerografía selectas sobre la obra de Elena Garro | 125

Entrevistas y cartas citadas | 129

INTRODUCCIÓN

Durante el verano de 1997 tuve el privilegio de entablar un largo diálogo con Elena Garro y su hija Helena Paz. Estas conversaciones se publicaron en dos números consecutivos de la revista *Proceso* (1139-1140) una semana después de la muerte de nuestra escritora. En esos encuentros Helena Paz me pidió ser la agente literaria de su madre en Estados Unidos, cargo que acepté por dos razones fundamentales: Elena Garro es una de las mejores escritoras del siglo XX en lengua española (he estudiado su obra durante 20 años) y porque tengo conocimiento del gran interés que despiertan sus textos en la vida académica estadounidense. Firmamos contratos en diciembre de ese mismo año.

En una de estas charlas le propuse a Elena Garro escribir su biografía y con entusiasmo firmó el contrato concediéndome la facultad de escribir la única biografía autorizada por ella. Tanto Elena Garro como Helena Paz me proporcionaron manuscritos y un sin fin de fotografías para enriquecer el texto biográfico. En diciembre de 1997 y enero de 1998 las visité en múltiples ocasiones en su departamento de Cuernavaca acompañada por mi esposo, Casey Reed, y nuestro hijo, Emiliano, a quien Elena Garro siempre recibía con un saludo militar y lo llamaba: "Mi general".

Hablar de Elena Garro es hablar de Octavio Paz y de la hija de ambas celebridades, Helena Paz Garro, también poeta. Elena nos proporcionó los datos de muchas de las fotografías: en dónde, cuándo fueron tomadas y con quién aparece en algunas de ellas. Poseedora de una lucidez impecable, la autora de *Mi hermanita Magdalena* gozó y esbozó muchas sonrisas durante este viaje odiseico a través de su memoria. Gracias a la grabación efectuada durante la revisión de los manuscritos y fotografías he podido reproducir en los pies de foto la información proporcionada por las dos Elenas.

En una de estas entrevistas, Elena Garro también me proporcionó material inédito para enriquecer el texto biográfico. La cantidad y la importancia tanto del material escrito como del visual, me obligaron a dividir la biografía en dos partes. La primera recoge la vida de la escritora a través de las imágenes; la segunda estudia su vida y su obra desde una perspectiva más analítica.

En esta primera parte las representaciones visuales son las que hablan y el texto sólo da un marco histórico-literario global de cada etapa de su vida. Garro declaró en una ocasión: "Los recuerdos [son mi] inspiración. Si no tuviera recuerdos, ¿qué haría?… todo lo que escribí son recuerdos". Esta idea, ya acuñada desde *Los recuerdos del porvenir*, "Yo sólo soy memoria y la memoria que de mí se tenga", justifica el título de su biografía.

Tiempo y espacio, vivencias, escritura e imágenes se interponen y dialogan en este viaje contextual para configurar el universo de Elena Garro. Ojalá que los asiduos a su obra disfruten esta jornada evocativa, como lo hizo Elena en su modesto departamento de Cuernavaca cuando tejió los recuerdos para compartirlos con sus lectores.

PRL

Yo sólo soy memoria
y la memoria que de mí se tenga
Los recuerdos del porvenir

Elena Garro

Capítulo I

Infancia: bajo los signos de la magia, la imaginación y los libros

1920

1934

[Mis padres, José Antonio Garro y Esperanza Navarro] *me enseñaron la imaginación, las múltiples realidades, el amor a los animales, el baile, la música, el orientalismo, el misticismo, el desdén por el dinero y la táctica militar leyendo a Julio César y a Von Clausewitz. Mientras viví con ellos sólo lloré por Cristo y por Sócrates, el domingo en que bebió la cicuta, cuando mi padre nos leyó los* Diálogos de Platón...

Yo sólo soy memoria

Elena Garro nació el 11 de diciembre de 1920 en Puebla. Pasó los primeros seis años de su vida en la Ciudad de México, donde radicaba la familia Garro Navarro. Su padre era un emigrante asturiano, de Cangas de Onís. Su madre, una maestra rural de Chihuahua. En 1926 la familia se traslada a Iguala, Guerrero, donde se había instalado Boni, el hermano de José Antonio. Los dos lograron representar la concesión de la manta para todos los pueblos de Guerrero. En este pueblo rústico, sin electricidad, sin escuela (José Antonio y otros hombres del pueblo fundarán una más tarde), transcurre la infancia de Elena al lado de sus padres, sus tres hermanos (Deva, Estrella y Albano), las muchachas Fili, Tefa, Ceferina, Candelaria, los mozos don Félix, Rutilio, Antonio, su tío Boni, sus primos, el profesor Rodríguez y su perro Toni. Esa fue su familia paterna, "muy corta pero muy igual", donde todos eran uno.

Iguala fue el espacio mágico que le brindó a Elena una casa sin límites, una imaginación pletórica y allí descubrió el México de los indios. Creció entre libros porque su padre y su tío, hombres cultos, les enseñaron a sus hijos los clásicos españoles, griegos, latinos, ingleses, alemanes y fueron sus maestros de latín y francés. Eclécticos y universalistas, practicaron el budismo y el ocultismo proporcionándoles una educación vasta y sólida. Por el lado materno, Esperanza educó a sus hijos en la lectura como símbolo de la virtud. Lectora insaciable, Elena recuerda que a su madre sólo le gustaba leer, "todo lo demás… que se cayera la casa, le venía guango". También solía encantar a sus hijos con las historias sobre su juventud que les narraba con gracia y viveza. Años más tarde, ya casada con Octavio Paz, Elena recuerda que su esposo disfrutaba las cartas que su madre, Esperanza, le enviaba a París porque en ellas relataba con detalle no sólo la vida familiar, sino los asuntos políticos, económicos y sociales del país. Sin duda, Elena parece haber heredado de su madre el poder y el encanto de la palabra y el dominio artístico de contar historias.

Si bien la biblioteca de su padre le abrió las puertas a la literatura y heredó el talento narrativo de su madre, la casa, con un jardín inmenso, le permite explorar todos los juegos de la imaginación. Allí pasa una infancia que nos recuerda a Mark Twain y *Las aventuras de Tom Sawyer*. En su casa de Iguala es rey y general mexicano; hace teatro con sus hermanos y primos; construye pueblos con

Capítulo I

placitas, casas, calles, cuartel e iglesia y pasea a pie o en burro. A veces se convierte en merolico con su primo Boni y salen a vender ungüentos para curar todos los males. Otras, le da por cometer asaltos a mano armada y se disfraza con un paliacate y un sombrero. A veces coge dos máuseres y se va con Boni a buscar la Laguna. También será pirómana en homenaje a Deva, quien había aceptado ir a la Ciudad de México para educarse, mientras ella "prefería ser salvaje". Al lado de estas aventuras vigorizantes, Elena también inicia en Iguala su carrera de escritora. En una ocasión en que, aburrida de la clase, se escapaba trepándose como mono por una cuerda, llegó un inspector de la Ciudad de México y les ordenó a todos los niños escribir una composición para la fiesta cívica del Día del Árbol. Cuenta que para su desgracia ganó el concurso. Ya en la Plaza del pueblo, frente a las autoridades civiles y militares, se negaba a subir a la tribuna, pero custodiada por Rutilio, quien tenía permiso de su padre de darle un coscorrón si no obedecía, tuvo que leer su composición "El Día del Árbol". Así se inició su carrera de oradora y escritora. Aquellos "eran tiempos felices, aventureros y gloriosos".

De las muchachas y los mozos, de los indios, Elena aprende a convivir con su percepción mágica de la realidad, pero también descubre su opresión y su sufrimiento milenarios. Los ama y respeta en su calidad de seres humanos dotados de inteligencia y una sabiduría ancestral. El año de 1926 en que la familia Garro Navarro se traslada a Iguala coincide con el inicio de la persecución religiosa. Elena presencia esta lucha entre militares, curas e indígenas, vive de cerca esa guerra desigual que volvió a desolar el campo mexicano y asesinó a los campesinos. Ellos, los indios, serán protagonistas de sus libros, al igual que sus padres, tío, hermanos, primos, y en sí la Iguala de su infancia, a quienes les rinde el más auténtico y poético de los homenajes en *Los recuerdos del porvenir* y en la colección de cuentos *La semana de colores*.

Yo sólo soy memoria

José Antonio Garro recién llegado a la Ciudad de México. ∽ [Papá] iba a ser sacerdote, estaba en un monasterio, en un seminario, junto con su hermano, mi tío Boni. Pero en eso murió mi abuelo, entonces mi abuela dijo: "Ah, no, que no sean curas". Y los mandó a América. ∽ Elena Garro recrea este evento en su novela *La casa junto al río*:

Alguna vez en el tiempo un carricoche tirado por dos caballos fúnebres trotó en medio de las sombras y la lluvia llevando a dos señores enlutados. Así se lo contaron de niña y así lo recordaba ella misma que también viajaba ya, en aquel carricoche. Éste se detuvo a la entrada del Monasterio de Valdediós y el Prior despertó a dos niños: José Antonio y Martín, para explicarles que acababan de quedar huérfanos... La repentina muerte de su abuelo sacó a su padre y a su tío del Monasterio. "Si él no hubiera muerto mi padre hubiera sido fraile, yo no hubiera nacido y no iría en este autobús".

Dedicatoria.

Capítulo I

José Antonio Garro (junio 18, 1906). Helena Paz: "Me acuerdo de alguien que dijo: 'Ay, qué proustiano era tu abuelo'. Era un hombre muy culto y guapo".

Yo sólo soy memoria

Benito Navarro en Alemania, tío materno de Elena, miembro del ejército estadounidense de ocupación, 1919.

Capítulo I

José Antonio Garro y Esperanza Navarro en su casa. [Para mamá] tener virtud era leer. Entonces nos íbamos a leer… Luego mi papá nos tomaba la clase de literatura que habíamos leído, a Garcilaso, a Lope, a Calderón.

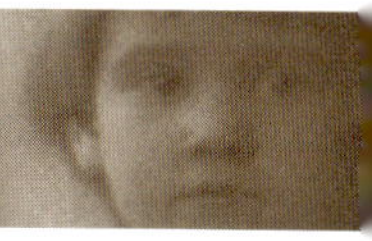

Yo sólo soy memoria

Elena con su padre y Deva (derecha). ∞ Deva, mi hermana, y yo nos pasamos toda la infancia leyendo. ∞ Elena refleja el ambiente literario en el que vivió al lado de sus padres y hermanos en el cuento "Antes de la guerra de Troya", de la colección *La semana de colores*.

Capítulo I

Elena de 4 o 5 años en la Ciudad de México. De niña era indiferente a las muñecas y amaba los soldados y una historieta que veía en las páginas de Pinocho… Además, me apasionaba "el revés de las cosas"… Las monjas teresianas (con las que estuve antes de ir a Iguala, viaje que coincide con el momento en que empezó la persecución religiosa) estaban sorprendidas ante mi necedad: "Ofendes a Dios", y para mostrar mis ofensas debía clavar una espina de rosal en un Sagrado Corazón que estaba colocado sobre el pupitre de la monja. Yo clavaba la espina y me quedaba tan campante. "¿No tienes remordimientos?", me preguntaba mi padre con aire preocupado. "No, no tengo remordimientos".

Deva (izquierda), Elena (derecha) y Sofía con mamá en la Ciudad de México (1925). [Cuando era niña] quería ser general porque me gustaban los tambores, los uniformes, las marchas, los desfiles y la guerra… porque se daban de tiros y cañonazos y todo… Mis generales favoritos de México son Felipe Ángeles y mi tío Saulo Navarro que peleó con Villa.

Yo sólo soy memoria

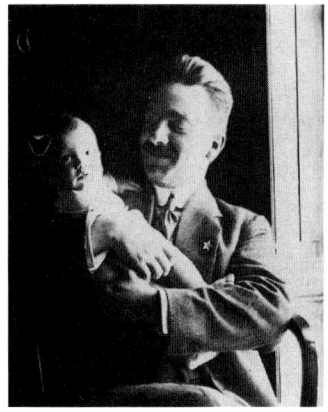

José Antonio Garro con Sofía, hermanita de Elena que muere pequeña de difteria.

Capítulo I

Esperanza con Sofía, Deva enfrente de ella y Elena enfrente de José Antonio. Su hermana Deva fue su compañera de juegos, protagonista de "El día que fuimos perros" y otros cuentos de *La semana de colores*:

*E*l día que fuimos perros no fue un día cualquiera, aunque empezó como todos los días. Despertamos a las seis de la mañana y supimos que era un día con dos días adentro. Echada boca arriba, Eva abrió los ojos y, sin cambiar de postura, miró a un día y miró al otro. Hacía ya rato que yo los había abierto y que, para no ver la inmensidad de la casa vacía, la miraba a ella. ¿Por qué no nos habíamos ido a México? Todavía no lo sé.

Yo sólo soy memoria

Su hermanita Sofía. Quizás Elena le rinda homenaje a Sofía en *Un hogar sólido* pues Catita, el símbolo de la infancia en la obra de teatro, muere de difteria. En esta pieza Elena utiliza la tradición mexicana de los muertos vivos. Con gran humorismo satiriza aspectos mezquinos de la condición humana y los personajes muertos dialogan en sus tumbas develando cada cual su concepción de la vida. Al lado del héroe juarista aparece la abuela y sus prejuicios sociales; Lidia, el *alter ego* de la autora, para quien el mundo de la imaginación condensa la verdadera existencia, y Catita cuyas frases revelan el atrevimiento, la inocencia y la autenticidad humana:

CATITA: ¡Yo quiero ser el dedo índice de Dios Padre!… ¡La ventana que mire al mundo! ¡La mesa donde cenan nueve niños! ¡Soy el juego!

Capítulo I

José Antonio Garro y Deva en la Ciudad de México. Helena Paz: "[Mi abuelo] tenía la concesión del jabón Myrurgia e importaba telas de Cuba a México, hizo una fortuna increíble pero la perdió toda porque tuvo mala suerte. Fue una tragedia... hubo una peste terrible en Cuba y mi abuelo había invertido todo su dinero en las telas que traían de España a Cuba y de Cuba a México... con la peste quemaron todo, todo, todo. Pero siempre se levantaba".

Yo sólo soy memoria

José Antonio Garro (izquierda) y Esperanza Navarro (derecha) con unos amigos en Iguala. ∽ Mis grandes amores: mi padre, mi tío Boni… Mi madre entra en otro orden: fuera de la realidad. ∽

Hebe, mujer asturiana, esposa de su tío Boni. Figura importante en la primera infancia de Elena en la Ciudad de México. En ella está inspirado el personaje de la extranjera Eva de *Un hogar sólido*. En la memoria de Elena su tía era una mujer "guapísima" que muere a los 26 años porque nunca se adaptó a la capital mexicana y vivía añorando el mar. La recuerda en un sillón meciéndose a la vez que decía: "Me quiero ir, me quiero ir. Necesito el mar…Yo aquí no puedo vivir". Elena transforma los recuerdos en poesía:

E VA: … ¿Oyes ese golpe? Así golpea el mar contra las rocas de mi casa… ninguno de ustedes la conoció… estaba sobre una roca, alta como una ola. Batida por los vientos que nos arrullaban en la noche, remolinos de sal cubrían sus vidrios de estrellas marinas; la cal de la cocina se doraba con las manos solares de mi padre… por las noches las criaturas del viento, del agua, del fuego, de la sal, entraban por la chimenea, se acurrucaban en las llamas, cantaban en las gotas de los lavaderos… ¡Tin! ¡tan! ¡tin! ¡tin! ¡tin! ¡tin! tan! Y el yodo se esparcía por la casa como el sueño…

Capítulo II
Adolescencia y matrimonio con Octavio Paz

1934

1963

[Octavio Paz] iba por mí a la escuela... Él iba a Leyes. Leyes quedaba muy cerca de la Prepa... Me salía por todas las esquinas... Me llevaba camelias, unas cajitas así, perfectas, con dos camelias adentro y algún poema.

Yo sólo soy memoria

En 1934 la familia Garro Navarro se traslada a la Ciudad de México para proporcionarles educación a sus hijos. En la capital Elena convivió con las hermanas de su madre y pronto sintió la diferencia: con su tío Boni jugaba mientras él le leía a Manrique o a San Juan de la Cruz. Le parecía natural que "tirara piedras, prendiera fuego y [se] escapara al monte"; en cambio sus tías eran "hieráticas, hermosas y disciplinadas". A ellas las recuerda en su novela póstuma *Mi hermanita Magdalena*.

Cursa la secundaria y la preparatoria. Ingresa a la Facultad de Filosofía y Letras donde el primer día de clases muestra su formación sólida: el profesor pregunta al grupo de 72 alumnos quién había leído *La Iliada*, sólo Elena levantó la mano, y quién *María*, todos los chicos respondieron positivamente excepto Elena. En aquellos años las mujeres no iban a la universidad, las que se atrevían eran "temerarias y precursoras, además de brillantes". Conoce a Octavio Paz en una fiesta en casa de su tía Margarita y establece con él una amistad vitalizada por las lecturas; estudia danza con Zibini, uno de los bailarines de Pavlova que se había quedado en México; a los 17 años es coréografa del Teatro de la Universidad a cargo de Julio Bracho y un día que iba a tomar un examen de Latín se casó con Octavio Paz.

La pareja de recién casados viaja a España en 1937. El poeta mexicano había sido invitado por la Liga de Escritores y Artistas Revolucionarios (LEAR) en apoyo de la República Española que se debatía en la Guerra Civil. Elena cuenta las peripecias de este viaje, las diferencias entre los intelectuales, su profunda admiración por César Vallejo, su encuentro con Antonio Machado y su convivencia con el grupo mexicano representado por Carlos Pellicer, José Mancisidor, Silvestre Revueltas y Juan de la Cabada, entre otros, en sus *Memorias de España 1937*.

De regreso en México Elena no continúa sus estudios universitarios. Se dedica al periodismo y escribe para la revista *Así*. En 1939 nace su hija Helena. A finales de 1943 Octavio Paz recibe una beca de la Fundación Guggenheim y la familia Paz Garro se traslada a Estados Unidos. Dos años más tarde, Paz ingresa al servicio diplomático mexicano y obtiene un puesto en el Consulado de México en Francia. Elena viaja a su lado y vive en París de 1946 a 1951. El joven matri-

Capítulo II

monio se relaciona con los intelectuales franceses, especialmente con el grupo de los surrealistas como Breton, Peret, Picabia, y se frecuenta con Bioy Casares, Borges, José Bianco, entre otros escritores latinoamericanos que vivían o transitaban por la capital francesa. Con el escritor argentino Adolfo Bioy Casares, Elena mantuvo una relación amorosa que se inició en estos años en París. El marco intelectual, político y familiar de estas experiencias fundamentales en la vida de Elena Garro queda perfilado en su novela *Testimonios sobre Mariana* y en la novela corta *Primer amor*, en la que retrata el dolor de los vencidos y la arrogancia de los victoriosos al término de la Segunda Guerra Mundial.

A mediados de 1952 Octavio Paz recibe un cargo en la Embajada de México en Japón. La familia Paz Garro vive siete meses en Tokio. A principios de 1953 Paz es trasladado a Suiza. En Berna Elena cae enferma y tiene que ser hospitalizada. Durante su recuperación escribe su primera novela *Los recuerdos del porvenir*, que permanece guardada en un baúl. Años después, ya separada de su esposo, Joaquín Mortiz la publica en 1963 a instancias de Octavio Paz. Elena cuenta que al autor de *Libertad bajo palabra* le "encantaba la fiesta [que se narra en la novela] dada en la casa por órdenes del general. Le parecía genial y la contaba en todas partes".

Después de una larga estancia en el extranjero a causa de los cargos diplomáticos de Octavio Paz, la familia regresa a México en 1953. Elena vuelve al periodismo y también escribe guiones cinematográficos con Juan de la Cabada y los hermanos Barbachano. En 1954 inicia su ardorosa investigación sobre el general Felipe Ángeles. Este personaje inspira su primera y única obra de teatro de carácter histórico titulada *Felipe Ángeles*. A través de él le rinde homenaje a los héroes mexicanos que no traicionaron a la Revolución. Elena recuerda en este general a sus tíos maternos que pelearon al lado de Villa y hablaban siempre de la honestidad y la lealtad a los ideales revolucionarios del general villista Felipe Ángeles, asesinado por las fuerzas carrancistas. Esta pieza escrita en 1958 no será publicada hasta 1967 en la revista *Cóatl* dirigida por Ernesto Flores. La Universidad Nacional Autónoma de México la reedita en 1979; desafortunadamente los lectores de hoy en día no pueden disfrutar de esta obra maestra ya que se encuentra agotada desde hace 20 años.

Yo sólo soy memoria

Los siguientes años serán prolíficos. En 1957 Octavio Paz, quien dirigía el grupo "Poesía en Voz Alta", le pide a Elena tres de sus piezas inéditas. Así debuta en el teatro. Héctor Mendoza lleva a la escena por primera vez tres de sus obras en un acto: *Un hogar sólido*, *Los pilares de doña Blanca* y *Andarse por las ramas*. En 1958 la Universidad Veracruzana publica su primer libro, la colección de seis piezas teatrales titulada *Un hogar sólido*.

También en estos años Elena se involucra en la defensa de los campesinos despojados de sus tierras injustamente por los terratenientes. Gana varios casos enfrentándose a presidentes municipales, gobernadores y todo tipo de funcionarios. En 1959 el presidente de México, Adolfo López Mateos, la envía a Nueva York para aislarla de la vida política mexicana. Después se reúne con Octavio Paz en París. Estos serán los últimos años del matrimonio Paz Garro: Octavio es nombrado embajador de México en la India en 1962 y Elena regresa a México con su hija.

Capítulo II

 **Yo sólo soy memoria**

Elena Garro llega a los 14 años a la Ciudad de México. ❧ Pasé los exámenes de primaria. Entré a la secundaria. Y la hice muy bien. ❧

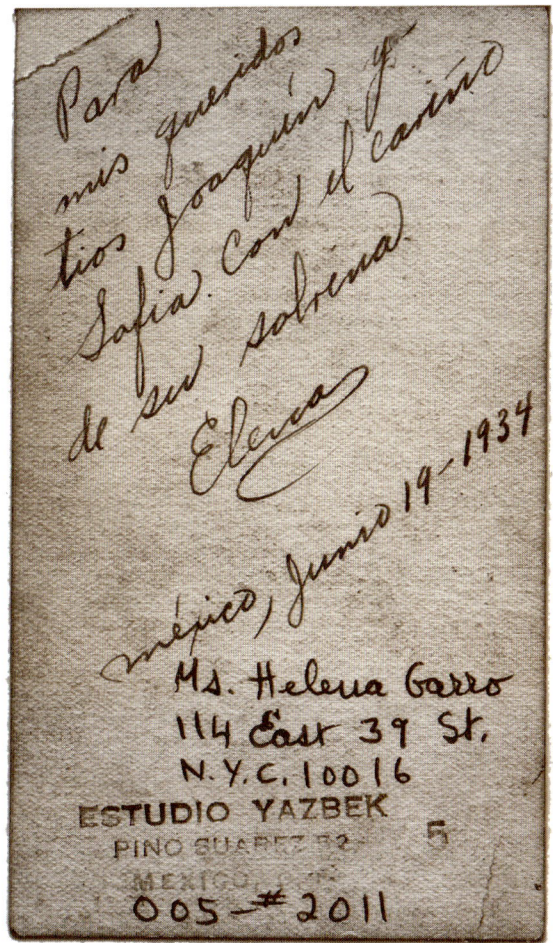

Dedicatoria.

Capítulo II

Elena Garro a los 17 años. Nosotras no teníamos novio, pero otras chicas tenían fotos dedicadas. Y un día, en Yazbek, donde nos tomábamos las fotos para las credenciales, me robé una de un joven de bigote fino y atrás le escribí una dedicatoria apasionada: "Para Elena, mi gran amor, Aurelio". Así quedé cubierta en mi deficiencia. Enseñé la foto. En una memorable merienda en casa de mi tía Margarita para celebrar el santo de Marga, mi prima, apareció su mejor amiga: Idea Fajardo, con su hermano, Orión Fajardo. Me quedé pegada al suelo, era el de la foto y a quien yo bauticé Aurelio.

Elena (de pie a la derecha), sus hermanas Deva (a su lado) y Estrella (abajo enfrente de Elena) con los compañeros de la Facultad de Letras (México, 1936).

Yo sólo soy memoria

Lago de Chapultepec (1936). De izquierda a derecha: Isabela Corona, Elena Garro, Octavio Paz, Victoria Alonso, Rodolfo Echeverría, Julio Bracho y Deva Garro. A los 17 años fui coreógrafa del Teatro de la Universidad. El director era Julio Bracho. Debutamos en el Teatro de Bellas Artes con un éxito tan grande que los amantes del arte se movieron con rapidez para destruir el grupo... Xavier Villaurrutia quería montar *Perséfone*, de André Gide, y me llamó. Agustín Lazo haría los decorados... Lazo me quería bien: "Qué niña tan linda y tan inteligente". Ignoraba mi pasado. Mis cuellos de piqué blanco, mis zapatos bajos y mis trenzas cruzadas sobre la cabeza eran la imagen del orden y de la sabiduría. Rodolfo Usigli me llamó para hacer la coreografía de *El burgués gentilhombre*. Ensayábamos en El Generalito de San Ildefonso. Yo cursaba Filosofía y Letras.

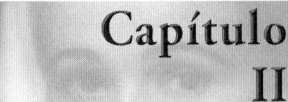

Capítulo II

Elena y su hermana Estrella en Xochimilco (26 de julio de 1936).

Yo sólo soy memoria

Deva toma estas fotos: Octavio y Elena (1937). ∽ Lo conocí [a Octavio] en una fiesta en casa de unas parientas… en el piano había un grupito de jóvenes, uno de ellos vino a sacarme a bailar, y era Octavio… Le dije: "No, no bailo". Mi tía Consuelo dijo: "Ay, sí, güera, es el hijo de Octavio Paz… Baila con él, tan encantador su padre". Porque mi tía Consuelo había sido novia de Octavio Paz padre". ∽

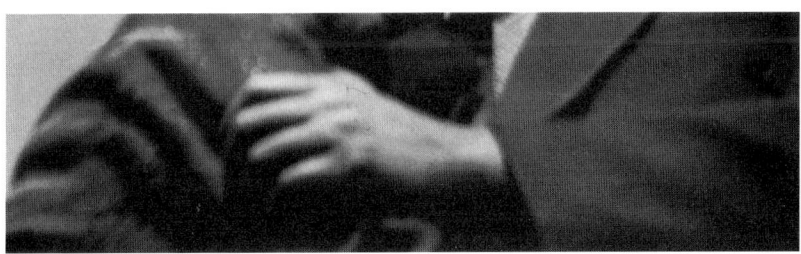

Capítulo II

Octavio y Elena (1937). [Papá] decía que era un chico muy inteligente, que le gustaba mucho el estudio, pero no le gustaba para marido.

Yo sólo soy memoria

Un romance prohibido: ∽ [Papá me prohibió verlo] que no me convenía porque yo era más inteligente, más culta y más guapa que él. Y que Octavio nunca me lo iba a perdonar, que al hombre le gustaba la mujer inferior. ∾

Capítulo II

Octavio, Elena y su hermana Deva (1937): ... discutíamos mucho de poesía porque a él le gustaba mucho la poesía arábigo-andaluza y a mí la poesía alemana. Entonces discutíamos y discutíamos y discutíamos.

Elena y Octavio, recién casados, en Barcelona (1937). Un día me casé, abandoné a mis maestros: Julio Jiménez Rueda, que me pronosticó éxitos literarios; Samuel Ramos, gran maestro; Hilario Medina y su rigurosa Historia Universal; el profesor Valenzuela, de Historia Griega, fabuloso expositor; Salvador Azuela, a quien apreciaba mucho; el maestro García, gran latinista; la señorita Caso, Julio Torri, Enrique González Martínez, que nos daba la clase en francés. También perdí la pista de dos repentinos, brillantes y solitarios compañeros de clase: Francisco Lastra y Carlos A. Madrazo, cuya presencia se notaba mucho.

Yo sólo soy memoria

Elena rumbo a España (1937). Las vivencias de Elena en España durante la Guerra Civil quedan plasmadas en *Memorias de España 1937*, libro que se caracteriza por la frescura con que están narrados los eventos. La pluma incansable de Elena anotó, al calor de los acontecimientos, los encuentros, las amistades, las rencillas literarias e ideológicas, sin saber entonces que 60 años después las publicarían. Algunas escenas memorables:

*E*l viaje a España fue feliz. Yo, sin saber cómo ni por qué, iba a un Congreso de Intelectuales Antifascistas, aunque yo no era anti nada, ni intelectual tampoco, sólo era estudiante y coreógrafa universitaria. El barco inglés *Empress of Britain* era imponente y el capitán me mandó flores a la mesa porque Nicolás Guillén y Juan Marinello hicieron correr la broma de que yo era una estrella rusa de ballet que viajaba de incógnito […] Hacia las tres de la tarde llegamos a Valencia. Hacía mucho calor y nos llevaron a un casino en la playa, en donde Juan Negrín ofrecía una paella a los intelectuales… Un hombrecillo parecido a un duende gordo se me acercó acalorado: "¿Oye!, ¿has visto mi cigarro? Lo perdí, ayúdame a buscarlo debajo de las mesas". Los dos nos pusimos a cuatro patas. "¿Oye, tú quién eres?", me preguntó. "Nadie!", dije. "¡Muy bien! Yo soy Acario Cotapos, Acario Cotapos, músico chileno", repitió.

Capítulo II

Elena Garro y Octavio Paz (derecha), recién casados, con un grupo de amigos. Enojo y frustración. Su carrera artística llena de promesas interrumpida con su matrimonio: ೞ [Mi vocación de ser bailarina se quedó] en el juzgado donde me casé, porque Octavio nunca quiso. ೞ

Yo sólo soy memoria

༺ Aquí estamos Octavio y yo en Morelia jugando. ༻

Capítulo II

꧁ ... los dos éramos jóvenes y los dos éramos promesas. Ya desde entonces había salido mucho en los periódicos y me catalogaban como la gran coreógrafa, era la niña prodigiosa... ꧂

꧁ ... y tú eras un joven poeta que empezaba... y que también tenía todo el mundo por delante. ꧂

Yo sólo soy memoria

Deva Garro, 25 años. Helena Paz: "Mi tía era muy romántica... Quería mucho a mi papá".

José Antonio Garro en 1931. Helena Paz: "Mi abuelo estaba muy decepcionado. Él quería que mi mamá hiciera una gran carrera y no se casara".

Capítulo II

Elena Garro con su hermana Estrella (1938).

Octavio Paz con Estrella Garro (1938).

Yo sólo soy memoria

Elena Garro (1938). La frustración de un talento: ~ [Octavio] nunca me dejó volver a la universidad. Me dediqué a periodista… porque eso no opacaba a nadie, sino que producía dinero. Y me dediqué a callar porque había que callar. ~

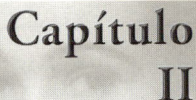

Capítulo II

Elena con "Chatita" (Helena) y su hermana Deva (izquierda, casada con el pintor Jesús Guerrero Galván) sosteniendo a uno de sus hijos en Chapultepec (1940). ᦈ Así éramos Deva y yo. Siempre estábamos juntas. Nos habíamos prometido no casarnos, a los 25 años tener un hijo natural y ya, seguir en el teatro, viviendo la vida muy tranquilas, sin marido. ᦈ

Yo sólo soy memoria

"Chatita" (Helena Paz) con su abuela, doña Josefina Lozano viuda de Paz (1940).

"Chatita", la madre de Octavio Paz, Elena Garro y Deva y su hijo Jesús (1940).

Capítulo II

Elena con "Chatita" y su sobrino Jesús (1940).

"Chatita" de 4 años.

 *Yo sólo soy memoria*

Elena Garro y "Chatita" de 5 años.

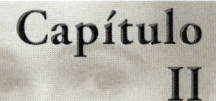

Capítulo II

Elena Garro y Octavio Paz en su nueva residencia de París…

Yo sólo soy memoria

... en la calle Víctor Hugo (1946).

Elena sostiene la luz en la residencia de París (1946).

Capítulo II

Octavio Paz en la capital francesa al inicio de su carrera diplomática (1946).

Yo sólo soy memoria

Elena Garro (1946). De México a París: en la terraza de su residencia en la calle Víctor Hugo. Aunque la "niña prodigiosa" no pudo dedicarse a su carrera creativa durante los años que pasó en Europa apoyando la carrera diplomática e intelectual de su esposo, la capacidad imaginativa de Elena nunca cesó. Esta época de los años 40 la recoge en su célebre novela *Testimonios sobre Mariana* muchos años más tarde. Comienza este manuscrito en los años 60 y lo termina en 1980.

Capítulo II

Elena en París. Un futuro incierto para su espíritu creativo (1946). En *Testimonios sobre Mariana* retrata las turbulencias políticas, familiares y amorosas de su vida en París. Mediante el punto de vista del narrador-testigo, Elena Garro crea tres voces narrativas para contar la vida de la protagonista: Vicente, amante de Mariana; Gabrielle, su amiga y cómplice, y André, un joven ingenuo y enamorado de Mariana. Desde el inicio del primer relato o testimonio, Garro plantea la ambigüedad y la complejidad humana: Mariana no es lo que aparenta ser en una fotografía: la psique humana no puede etiquetarse, de la misma manera que el orden temporal es una quimera:

í, Mariana era la simpleza misma, la docilidad. ¡Mira qué engaño! La primera vez que la vi fue en una fotografía que nos mostró Pepe a su regreso de París. Sabina y yo nos inclinamos sobre una instantánea banal en la que aparecía una muchacha con medias de lana, abrigo claro y cabellos rubios. Estaba recargada sobre el tronco de un árbol en un bosque brumoso… Ahora la misma fotografía continúa sobre el escritorio de Pepe, en el mío hubo otras iguales quietas y guardado en algún lugar un mocasín negro con hebilla de plata, como el de un lacayo. Eso me quedó de Mariana. La vida está hecha de pedazos absurdos de tiempo y de objetos impares. Mariana empezó en ese bosque ligeramente borrado por la bruma. Más tarde la vi muchas veces en las esquinas de mi ciudad y corrí tras ella sólo para perderla entre la multitud. ¡Soy un tonto! No advertía que llevaba los dos mocasines puestos y que ella se hubiera presentado con un pie descalzo, como en la noche del pacto. ¡Miento! No hubo pacto. Sólo un juego que ella inventó. Guardo también su promesa escrita: "Te esperaré en el cielo sentada en la silla de Van Gogh". No hablo en orden. ¡Cuál es el orden con Mariana?

 *Yo sólo soy memoria*

París (1946). Mi papá me reprochaba mucho mi frivolidad, que no me gustaba más que el fandango. Y sí, yo era muy frívola, como no podía escribir porque a Octavio no le gustaba que escribiera, pues me dedicaba a las fiestas… y a leer.

Capítulo II

¿Cómo surge su novela corta *Inés*? El punto de partida se encuentra también en ese París de la postguerra. En la memoria de Elena surge un grupo sadomasoquista conocido por ella y que más tarde, cuando regresa a París en la década de los 80, convierte en materia literaria. Inés es el símbolo de la pureza e inocencia destruidas por un círculo de perversos que ofician ritos abyectos y sanguinarios. Dueña de la técnica narrativa, Elena describe con pinceladas rápidas y precisas las escenas crudas, desoladoras y alucinantes:

I nés estaba siempre sola, tenía frío y tenía miedo. Por la ventana enrejada que daba al patio interior vio que estaba nevando. La nieve, primero blanca, fue cambiando de color hasta convertirse en trozos de ceniza. Se contempló las manos amoratadas por el frío.¿Eran sus manos? Los huesos estaban a punto de romper el pellejo que las envolvía. Dando traspiés se fue a la cocina invadida de basura, de platos sucios y de excrementos. Estaba sola y sintió que el caballito de color naranja la seguía por la casa. Se volvió. No estaba a sus espaldas. Salió al saloncito para cerciorarse de que no se había movido de su lugar. El caballito la miró con sus ojos vidriosos, alzó el belfo, levantó las patas y dio un largo relincho.

Yo sólo soy memoria

Elena en el interior de su casa parisina de la calle Víctor Hugo (1946). En ese París de controversias ideológicas, Elena defendió su postura ante la vida: la verdad sobre la mentira, el amor ante el tiranismo, los mendigos en lugar de la arrogancia y la falsedad de los "intelectuales o nuevos príncipes del poder". Elena-Mariana son la dicotomía de ese París de los años 40:

i amiga carecía de sentido histórico. En el mundo moderno no quedaba lugar para sus gustos, su fantasía, su ocio, sus supersticiones y sus creencias. El mundo se preparaba para los grandes cambios sociales y ella permanecía aferrada al juego de su imaginación.

Sin duda, Elena vivió una paradoja: si bien su postura abiertamente crítica y defensora de la imaginación siempre la marginó, esa actitud atrevida y poética plasmada en toda su obra la coloca hoy en día como una de las más creativas y renovadoras escritoras del siglo XX en lengua española.

Capítulo II

"Chatita" de 6 años en París compartiendo la vida intelectual al lado de sus padres...

Yo sólo soy memoria

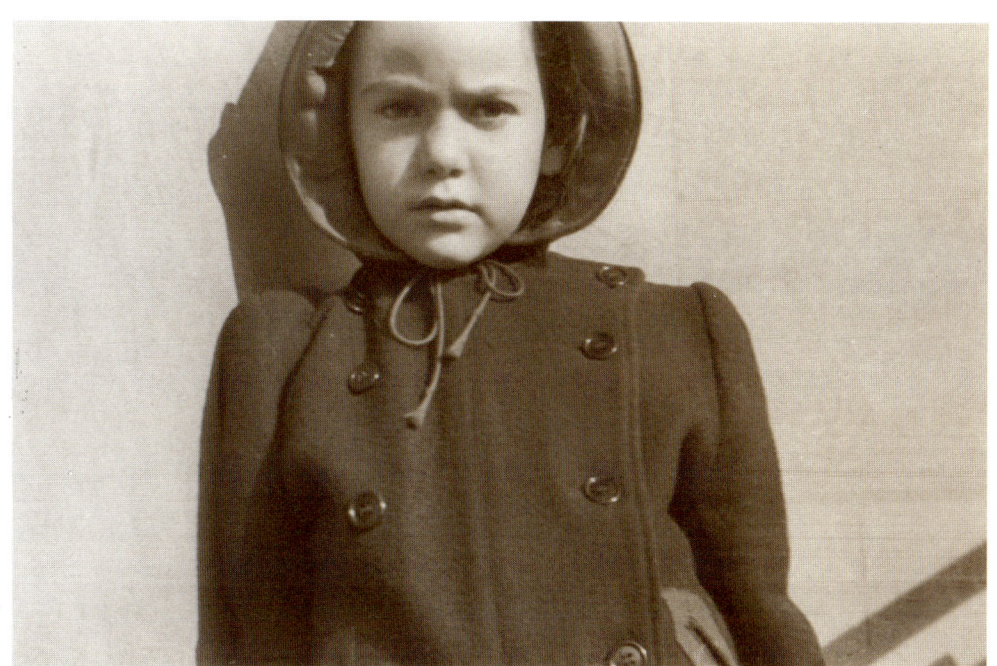

... *y lejos de sus abuelos (1946).*

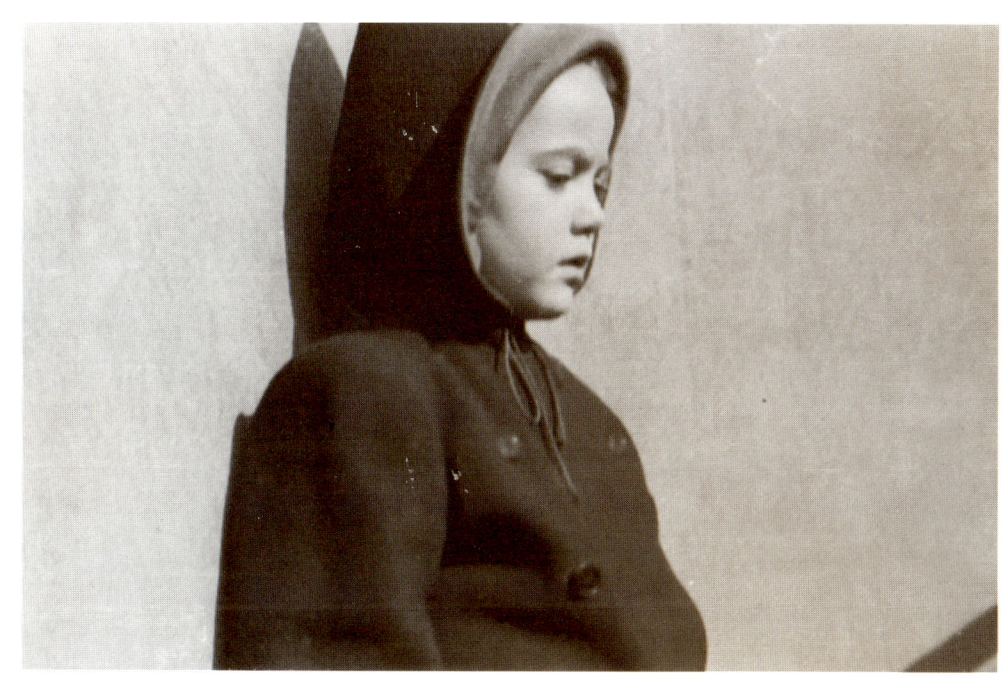

Helena Paz Garro: "Conocí de niña en la casa a muchos escritores... que llegaban con sus poemas a leer y a hablar de sus libros toda la noche."

Capítulo II

"En esa casa de París... lo que más recuerdo es cómo se hablaba siempre de literatura."

"Esa casa de París donde hablaba mal el español y su padre, diplomático, rehusaba que la familia fuera a España porque Franco estaba en el poder."

Yo sólo soy memoria

Elena en la Costa Azul lejos de los compromisos diplomáticos (1947).

Capítulo II

Costa Azul (1947). Algunos episodios de esta época de la postguerra se reflejan en su novela corta *Primer amor*.

"Chatita" en la Costa Azul (1947). Elena recuerda una escena vivida con su hija novelizada en *Primer amor*: ... eso de que ella ["Chatita"] se escapó del hotel... y se fue a la playa es cierto, siempre me ha hecho lo mismo, desde chiquita. Y bueno con un oleaje tremendo. Yo dije: "Ya se ahogó". Y nadie me ayudó más que los alemancitos. Ellos todos corrieron a unos riscos altísimos, en Vidar, se llama el pueblito, en la costa francesa, y se bajaron por las peñas porque vimos de pronto en un clarito... que ahí estaba echada, acostada, tomando el sol. Las olas llegaban... Y yo, ay, desde arriba veía. Y no, no la tocaban, se reculaban. Pero los alemancitos se bajaron a sacarla. Luego se vinieron nadando con ella, entre las peñas.

Yo sólo soy memoria

Las dos Elenas en la Costa Azul (1947). Similares a Bárbara y Bárbara, las protagonistas, madre e hija, de *Primer amor*, cuya compasión y bondad se imponen sobre la arrogancia de los habitantes del pueblo:

*B*árbara y su hija se alejaron cabizbajas, miradas por los siete hombres que, suspensos, las vieron irse entre la verdura de las colinas… Los siete jóvenes rubios y desgarrados rompían la armonía de la mañana. El orden de la belleza bajo el sol contradecía la humillación infligida a los siete soldados que picaban piedras. Eran alemanes y no merecían el respeto ni la piedad de nadie: los habían vencido y ahora había que romper hasta su última dignidad… En su habitación [Bárbara] abrió la maleta donde guardaba las golosinas que había traído de América: sacó varias pastillas de chocolate, algunos paquetes de galletas y cigarrillos… y decidida los metió en el saco de playa… y salió con su niña de la mano rumbo al lugar en donde se hallaban los prisioneros.

Capítulo II

Elena de 28 años. Un giro en el tiempo y en el espacio: el destino de la joven coreógrafa se dispara en otras direcciones: de México a Europa; de su casa paterna a la aventura de nuevos contornos. *Mi hermanita Magdalena* capta el rito de pasaje de una jovencita que inicia su lamentable odisea por la vida al casarse sin el consentimiento de sus padres:

*E*n unos instantes de ese domingo lluvioso el tiempo se imantó de terror y ya nunca volvimos a ser los mismos… el polvo se ha acumulado en nuestra memoria y sobre nuestros muy amados libros.

Yo sólo soy memoria

Elena intelectual (1949): El acto de escribir es un acto de libertad privada. ❧ Conocedora de las técnicas narrativas modernas y renovadora de las mismas, Elena lo demuestra en *Testimonios sobre Mariana*, donde plantea la teoría de la novela dentro de la novela y describe el proceso del acto creativo: la novela "no es una calca de su vida al papel"; la obra literaria utiliza experiencias vividas, pero también las modifica para lograr su propósito:

𝒜 partir de esa noche me prohibí a mí misma recordar a Mariana. Fue entonces cuando se me ocurrió escribir una novela sobre su vida, recordé que la naturaleza imita al arte y decidí darle un final feliz, que cambiaría su destino. Me encerré a escribir, mi personaje era complejo, su vida era un inexplicable laberinto, pero yo la conduciría a través de aquellos vericuetos tenebrosos a una salida inesperadamente luminosa. Era lo menos que podía hacer por la pobre Mariana: un conjunto, una obra mágica, una pieza maestra. Escribí muchas cuartillas, modifiqué algunas de las situaciones que había vivido con ella para poder llegar al final feliz que me proponía.

Capítulo II

Elena (1949). Solitaria y poética, parece dibujar con palabras ese espíritu parisino años más tarde cuando escribe *Busca mi esquela*:

La jovencita corrió calle abajo sin importarle la lluvia ni la soledad de la noche. En su huida, olvidó cerrar las rejas de su casa. Sus zapatos sonaron sobre el asfalto golpeando la noche lluviosa. Dio vuelta a la esquina, aminoró la carrera, miró las copas de los árboles dobladas por el viento, se abotonó la gabardina y siguió andando. Iba derecha, como si llevara un rumbo preciso aunque en realidad no llevaba ninguno. No tenía miedo. Las calles, solitarias a esa hora, sólo ofrecían árboles graciosos mecidos por la lluvia y prados de crisantemos húmedos que iluminaban las sombras como minúsculos soles apagados. No había nadie, sólo ella andando de prisa en las aceras angostas y resbaladizas... Caminó largo rato absorta, haciendo esfuerzos para no llorar, era mejor mirar la lluvia que le bañaba el rostro y los cabellos. "El que ama la lluvia ama la poesía", le había dicho una tarde un jardinero japonés...

Yo sólo soy memoria

Con Picasso aparecen Elena (izquierda), Roberto Garza, "Chatita" y el pintor Antonio Peláez en Niza (verano de 1949). Picasso era amigo mío. Lo conocí mucho tiempo, era muy simpático.

Los años del "amor loco" entre Elena y Bioy (1949). El escritor argentino en una misiva escribió: "Has poblado tanto mi vida en estos tiempos que si cierro los ojos y no pienso en nada aparecen tu imagen y tu voz. Ayer, cuando me dormía, así te vi y te oí de pronto: desperté sobresaltado y quedé muy acongojado, pensando en ti con mucha ternura y también en mí y en cómo vamos perdiendo todo".

Capítulo II

París finales de los 40. El dolor y la soledad de un romance sin porvenir: un zapato arrojado en el bosque surge en *Testimonios sobre Mariana* y el otro en una carta que Bioy le escribió a Elena: "No puedo creer que en mi futuro no haya más Francia. ¿Para qué, ahora? Me has cambiado los planes, hasta las costumbres de la imaginación... ¿Recuerdas el zapato, el hermano del que tiraste en el Bois de Boulogne? Lo visito diariamente".

Elena en París (1949).

Ahora me pregunto: ¿qué hubiera ocurrido si estuviéramos haciendo gimnasia, desayunos y taquimecanografía? No lo sé. Magdalena no hubiese desaparecido y nosotras no hubiéramos leído a Dostoievski. Y de haberlo leído, hubiéramos dicho: "Eso sólo pasa en las novelas".

La elegancia de Elena con el escritor Pepe Bianco, París (1948).

Capítulo II

La familia Paz Garro en Japón (1952). Octavio Paz desempeñó un cargo en la Embajada Mexicana en Japón de mediados de 1952 a principios de 1953 en compañía de su hija "Chatita" y su esposa Elena.

Poeta como su padre. Tokio (1952). ✿ Escritora de poesía desde los 6 años…, [creció] sin ninguna presión para dedicarse a la literatura, llena de lecturas maravillosas… la lectura [ha sido] la mayor pasión de su vida. ✿

Yo sólo soy memoria

Elena Garro y Octavio Paz. Tokio (1952). La estancia en Japón fue difícil para la familia Paz Garro ya que el sueldo del consulado era precario y el costo de la vida en el Japón de la postguerra muy elevado.

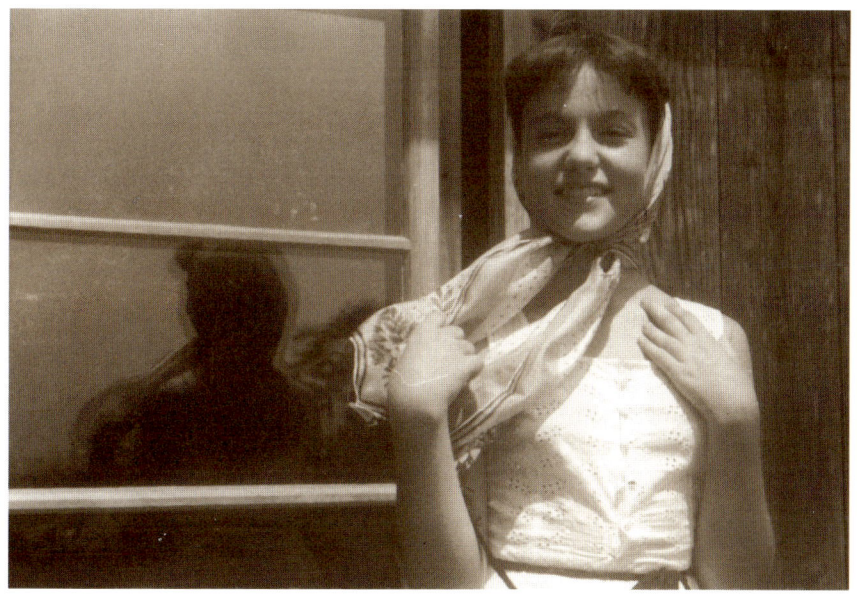

En este periodo de su vida, "Chatita" aprendió japonés y se hizo amiga del escritor Yukio Mishima, cliente asiduo del restaurante "Imperial", hotel donde vivía con sus padres.

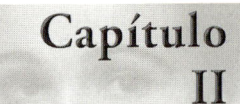

Capítulo II

Tokio (1952). Las dos Elenas recordaron entre risas que Octavio ordenaba lo que debían comer ante la escasez económica que enfrentaban, pero "Chatita" valiéndose de sus conocimientos del japonés cambiaba la orden y pedía ternera y de postre pie de manzana. Elena, su madre, para compensar comía un huevo pasado por agua.

Yo sólo soy memoria

Elena, espíritu libre y sincero. La penuria económica que sufrían en Japón la llevó a escribirle una carta al presidente Miguel Alemán sin consultarle a Octavio. Cuando se lo comentó después de haber enviado la misiva, Octavio se molestó y temió por su posición en la diplomacia mexicana. Gracias al atrevimiento y honestidad de Elena, Octavio Paz fue transferido a Suiza sin ningún problema.

Capítulo II

"Yo amaba Japón. No quería irme."

Tokio (1952). ❧ Yo quería ser bailarina o general. ❧

Yo sólo soy memoria

El sueño de ser bailarina la persigue hasta el Japón. Viste como bailarina y calza zapatillas de ballet. Recuerda: ∞ Deva y yo amábamos al Ballet Ruso, a Nijinski, a Pavlova, a Fokine… Coleccionábamos fotos que enmarcábamos. ∞

También en Japón la persigue la correspondencia y el amor de Bioy Casares quien le escribe el 2 de agosto de 1952: "Como era de temer recaigo en la monotonía y en mi amor y te cuento que eres mágica, o que eres la única diosa que he conocido… Comprendo que soy apenas un fantasma… De todos modos no me olvides o por lo menos trata de no olvidar de escribirme de vez en cuando. Eres la persona que más quiero; no pasa un día sin la pena y sin las dulzuras de extrañarte…".

Capítulo II

Elena en Suiza: ✍ En 1953, estando enferma en Berna y después de un estruendoso tratamiento de cortisona, escribí *Los recuerdos del porvenir* como un homenaje a Iguala, a mi infancia y aquellos personajes a los que admiré tanto y a los que tantas jugarretas hice. Guardé la novela en un baúl, junto con algunos poemas que le escribí a Adolfo Bioy Casares, el amor loco de mi vida y por el cual casi muero, aunque ahora reconozco que todo fue un mal sueño que duró muchos años. ✍

 *Yo sólo soy memoria*

Elena con Marcel Camus (1953) director cinematográfico francés que recibió la Palma de Oro de Cannes en 1959 por **Orfeo Negro**.

La familia Paz Garro con un grupo de amigos (1953).

Capítulo II

Elena Garro, Adolfo Bioy Casares, Octavio Paz y Helena Paz en Nueva York (1956).

Yo sólo soy memoria

Las dos Elenas disfrutando las palomas en Florencia, Italia.

Helena Paz y José Luis Martínez en México (1957).

Capítulo II

Helena con el actor Juan Ferrara y Michael Strauss en México (1957).

 *Yo sólo soy memoria*

Helena Paz modela (1957).

Capítulo II

En Suiza (1960), los años de la separación.

Las dos Elenas. Suiza (1960).

Yo sólo soy memoria

Elena con su madre y su hermano Albano, Suiza (1960).

Elena y Albano. Suiza (1960). Uno de los grandes amores de Elena fue su hermano Albano quien la llamaba "Saavedrita" para guardar distancia con Cervantes.

Capítulo II

Elena y su hermano Albano en Suiza (1960). A él le rinde homenaje en *Los recuerdos del porvenir*. Juan, en la novela, es la representación literaria de Albano, el hermanito que Elena y Deva arrojaban a la poza para ver cómo se ahogaba:

*E*chaban a Juan a una poza de agua profunda y luego luchaban para salvarlo. Lo rescataban a riesgo de sus propias vidas y volvían al pueblo con el "ahogado" a cuestas, mirando a las gentes desde la profundidad de su secreto heroísmo. Eso pasaba cuando los tres compartían la sorpresa infinita de encontrarse en el mundo.

Yo sólo soy memoria

Archibaldo Burns, Elena, Esperanza (madre de Elena) y Helena Paz (Suiza, 1960).

Elena y el director de cine Archibaldo Burns (Suiza 1960) quien llevó a la pantalla dos cuentos de Garro: "Perfecto Luna" y "El árbol" bajo el título Juego de mentiras.

Capítulo III

1968: el signo de la calumnia.

1963

1972

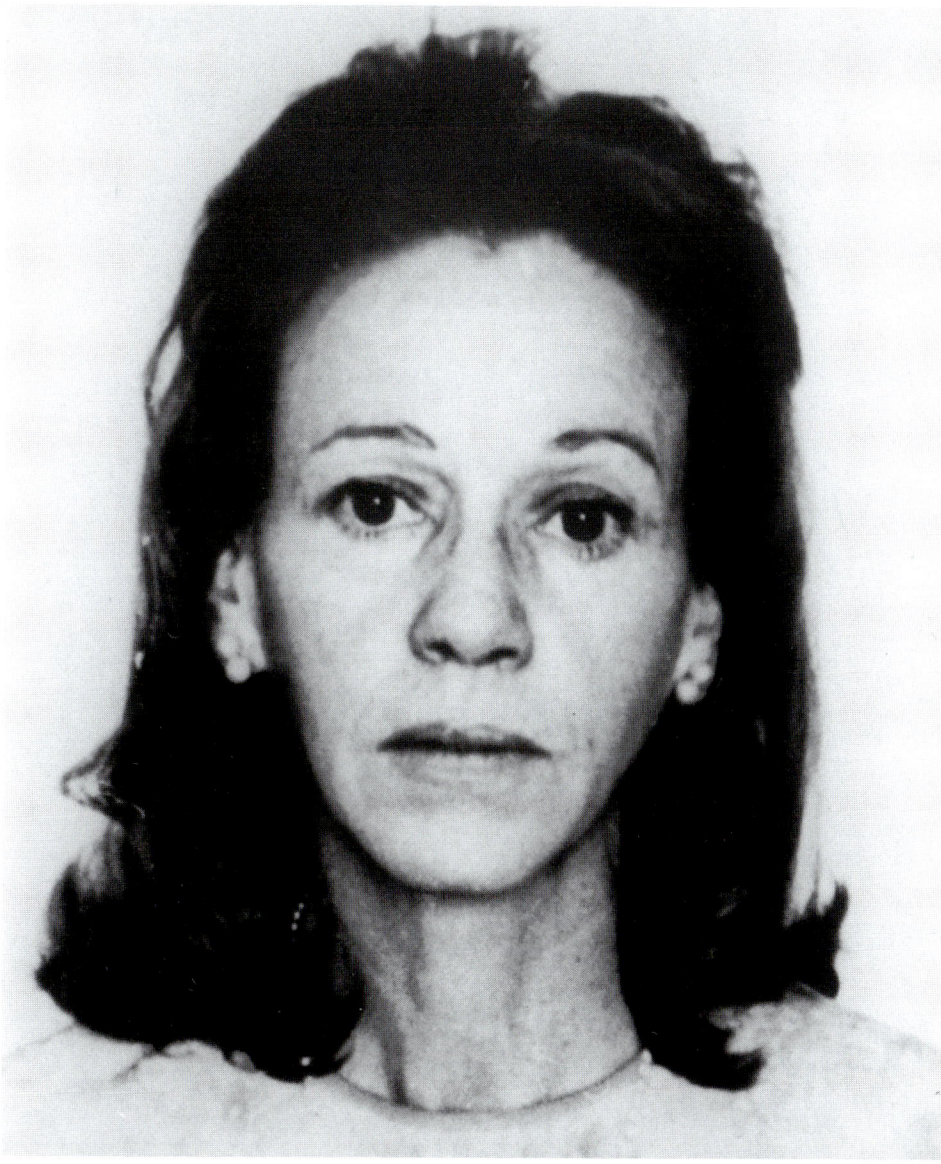

Defendía [a los campesinos] porque parecían las víctimas, de verlos tan pobres y tan en la miseria... la primera vez que me decidí a defenderlos fue un día que me llegaron unos campesinos a la casa y vi sus pies en los huaraches sobre la alfombra de mi casa y dije: "Ay, qué horror, y yo me he andado paseando por el mundo entero y elegante y todo, mientras estos pobres cómo van, qué horror, ya me fui al infierno, pensé". Y Ahí en ese minuto tomé la decisión de defenderlos y los defendí hasta que me hundí junto con ellos.

Yo sólo soy memoria

Elena Garro deja París y regresa a México en 1963 al lado de su hija Helena para instalarse en la capital mexicana. La década de los 60 será turbulenta en México como en el mundo entero. Continúa con su quehacer literario: en 1963 aparece *Los recuerdos del porvenir* y gana en ese año el Premio Xavier Villaurrutia. En 1964 la Universidad Veracruzana publica su colección de cuentos *La semana de colores*. En esta época escribe *Testimonios sobre Mariana* y *Reencuentro de personajes*, novelas que permanecerán inéditas por más de quince años.

Entre febrero y mayo de 1968 publicó la serie de reportajes biográficos "Los caudillos" en la revista *Por qué*, los cuales son recopilados en 1997 bajo el título *Revolucionarios mexicanos*. Aunque no abandonó del todo la literatura, su lucha en contra de las injusticias al lado de los campesinos, los indios y los marginados será prioritaria en su vida. Sabe que México necesita democratizarse y comienza su amistad con Carlos A. Madrazo (ex líder priísta que proponía reestructurar el Partido y liberarlo de su nepotismo).

1968 es el año que la convierte en toda controversia: al ser acusada públicamente por las fuerzas gubernamentales de comandar un complot comunista para derrocar al gobierno del presidente Gustavo Díaz Ordaz, Elena respondió que el movimiento del 68 había sido organizado por los intelectuales y no por Madrazo ni por ella. Según Elena Garro, la prensa manipuló la información, ya que si bien ella afirmó que los intelectuales no habían asumido responsabilidad ante el movimiento, negó rotundamente haber proporcionado los nombres que la prensa publicó: Leopoldo Zea, José Luis Cuevas, Luis Villoro, José Revueltas, Víctor Flores Olea, Eduardo Lizalde, Alejandro (por Carlos) Monsiváis, Thelma Nava, Norma Carrasco, Leonora Carrington, entre otros. La comunidad intelectual mexicana la repudió.

A partir de los acontecimientos del 2 de octubre Elena fue sistemáticamente perseguida y calumniada: su teléfono fue intervenido y le llamaban para amenazarla de muerte; agentes policiacos vigilaban su casa. Finalmente, escapó y se escondió en un hotel. Sin protección alguna, la dramaturga y novelista que defendió a los indios y luchó por la justicia, huyó de México en 1972

Capítulo III

junto con su hija Helena Paz Garro. En las letras mexicanas Elena dejó un vacío irreparable y el proceso democrático mexicano, cortado desde la raíz con la masacre del 2 de octubre en la Plaza de Tlatelolco, quedó interrumpido y detenido en el tiempo de los recuerdos del porvenir.

Yo sólo soy memoria

Elena actuando con Carlos Fuentes y Rita Macedo (México, 1964). Amante del teatro, Elena había escrito las farsas recopiladas bajo el título *Un hogar sólido* en 1958 porque ↝ Creía que era necesario renovar el teatro y ya que no había podido actuar ni bailar, era un medio para regresar a él. ↜

Capítulo III

Elena bailando con Arturo Ripstein (1964). (Foto de Héctor García.) ∞ Yo fui muy alegre. Bailé rocanrol con Gabriel García Márquez. Mi primera vocación fue ser bailarina. ∞

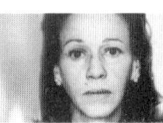
Yo sólo soy memoria

Con los miembros del Ballet Folclórico de México (1966). (Foto de Felipe Morales.)

Celebrando con los miembros del Ballet Folclórico (1966).

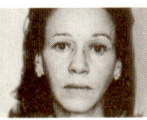

Capítulo III

En su casa de Las Lomas con su gato Conradino (1966). Separada de Octavio Paz desde 1962, Elena desarrolla una vida intelectual propia y por primera vez tiene una casa, su residencia en Las Lomas, donde vive con su hija Helena. Son años productivos y gloriosos para la escritora, que entra en las letras mexicanas con un éxito rotundo desde la aparición de sus farsas teatrales (1958), seguidas por su novela *Los recuerdos del porvenir* (1963) y los relatos de *La semana de colores* (1964). Con estas obras Elena ocupa ya, en 1966, un lugar prominente en las letras hispanoamericanas.

En 1965 Elena manifestó su concepción sobre nuestra identidad y la plasmó magistralmente en su relato "La culpa es de los tlaxcaltecas", considerado ya un clásico de la literatura hispanoamericana del siglo XX: ... el mexicano de la ciudad es un hombre... con una dualidad. Es el hombre con cultura occidental y con un pie en lo indígena también. Entonces es un hombre muy contradictorio, que vive en dos tiempos o en dos mundos. Como Laura, la protagonista del cuento:

—Ya falta poco para que se acabe el tiempo y seamos uno solo... por eso te andaba buscando, se me había olvidado, Nacha, que cuando se gaste el tiempo, los dos hemos de quedarnos el uno en el otro, para entrar en el tiempo verdadero convertidos en uno solo.

Cuando me dijo eso lo miré a los ojos. Antes sólo me atrevía a mirárselos cuando me tomaba, pero ahora, como ya te dije, he aprendido a no respetar los ojos del hombre. También es cierto que no quería ver lo que sucedía a mi alrededor... soy muy cobarde. Recordé los alaridos y volví a oírlos: estridentes, llameantes en mitad de la mañana...

Yo sólo soy memoria

En 1964 trabaja *Testimonios sobre Mariana* y escribe *Reencuentro de personajes*. Esta última explora el mundo homosexual y por su temática Elena la consideró "muy fuerte... muy terrible" para aquellos años y no se atrevió a publicarla:

Reencuentro de personajes... es una pareja de mexicanos viajando en Europa... El personaje femenino desconoce casi al personaje masculino y lo quiere adivinar. Y van pasando una serie de aventuras entre mucha gente europea. Pero giran casi siempre en el mundo homosexual... y se llama *Reencuentro de personajes* porque... ella reconstruye a su amante a través de los personajes de las novelas modernas importantes. Hay personajes de Fitzgerald, hay personajes de Aldous Huxley. Entonces, a través de las grandes novelas modernas, ella sabe quién es él... Porque siempre que hay una relación humana hay un misterio... No nos podemos descifrar... Somos islas... son los dos amantes muy solitarios... la mujer se encuentra frente al gran misterio de ese hombre al que ella ama pero que no sabe qué es ni por qué actúa de determinada manera, ni por qué hace determinadas cosas:

*V*erónica se miró en el espejo del retrovisor colocado arriba del parabrisas y tuvo la certeza de que al final de esa noche iba a saber... Detrás de ella se alzaba su vida extraña e impenetrable. No sabía por qué iba corriendo esa noche a la orilla del Lago Mayor... Corría en un tiempo imprevisto y lo que sucediera a partir de esos instantes no era su tiempo ni era su vida; por eso tuvo la seguridad de asistir a la proyección de una película. Miró a Frank, su perfil estaba fijo en la carretera; no le quedaba ni una palabra.

Capítulo III

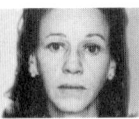

༄ Yo quiero mucho a *Felipe Ángeles*, es la obra que más quiero porque creo que rescaté a un gran mexicano que estaba olvidado... No quisiera que olvidaran a Felipe... Él vino aquí para evitar que los mexicanos se siguieran matando y en lugar de lograr eso, los mexicanos se unieron y lo mataron. No todos... porque la mayoría de los mexicanos pedía su vida y las universidades extranjeras todas pedían su vida, pero tenía un enemigo tremendo que era Carranza. Carranza se sabía un impostor, un rencoroso, y no lo perdonó. Ahí tenemos un ejemplo muy claro de que la verdad casi siempre es asesinada por la mentira. ༄ En esta obra de carácter histórico Elena hace una crítica no sólo de la Revolución Mexicana, ༄ sino de lo que es la revolución en sí, por qué se devoran las revoluciones...; el ejemplo de Felipe Ángeles sirve muy bien como motivo dramático trágico: ༄

Cometer crímenes desde el poder es abrir la era de los asesinos, por eso ahora, al cruzar las calles de esta ciudad, un tumulto de hombres y de rostros caídos en combate o ante los pelotones de fusilamiento seguían diciéndome: "Nada ni nadie impedirá tu muerte, Felipe Ángeles, porque el principio que alimentaba tu vida ha muerto... quizás el destino de las revoluciones...".

Yo sólo soy memoria

Con Abelino y Magdaleno, campesinos de Oaxtepec, Morelos, en 1968. Otras urgencias de la vida cambian el rumbo de su brillante carrera literaria. Elena se involucra cada vez con más convicción en la defensa de los indios. En 1965 declaró: ∞ Yo trabajo por los campesinos para que se reparta la tierra, para que se democratice México. Porque no hay democracia en México. ∞ En su relato "Invitación al campo" (*El accidente y otros cuentos inéditos*) Elena describe la corrupción, intimidación y poder absoluto con que los gobernantes despojan a los campesinos de sus tierras:

La casa era enorme, estaba en ruinas y sus ventanas vacías mostraban los vestigios de un incendio. El ministro pareció pensativo. "Veo que ya no hay nada que hacer", dijo con su hermosa e imperturbable voz. El hombre al que llamaban "Señor Gobernador" se acercó nervioso al ministro con intenciones de decirle algo, pero sólo produjo el ruido hueco de unos dientes de porcelana al entrechocar unos con otros adentro de su boca vacía. Inmediatamente, el gobernador hizo un gesto de sorpresa al ver a unas figuras descalzas y vestidas de blanco que se acercaban al grupo. Los hombres de gafas negras formaron un semicírculo amenazador, mientras el ministro permanecía impasible. Las figuras vestidas de blanco se acercaron cada vez más e Inés se dio cuenta de que eran más de un centenar. Tenían rajaduras en la piel y de ellas brotaban hilos de sangre a medio coagular; las mechas negras les caían lacias sobre los rostros exangües. Las ropas blancas eran garras y de sus bocas entreabiertas no salía una sola palabra. "Haré lo que pueda por ustedes... lo haré", repitió el ministro con voz clara y sin perder la sangre fría. Después, acompañado por Inés, se alejó rápidamente de la orilla del campo y ambos subieron al Mercedes... Inés no sabía si iba de ida o de regreso y si estaba dormida o despierta. En el valle sin viento se quedaron los hombres vestidos de oscuro y los hombres vestidos de blanco... "¿Son ésas las tierras que se van a tomar?", preguntó el ministro sin mirar a nadie en particular. "¿Las de los Lechuga? No, hermanito, esas tierras son inafectables", contestó el gobernador con voz hueca. "Son éstas", dijeron los hombres al mismo tiempo que abrían un mapa... "¿Es necesario tomar todo el ejido?", preguntó con voz indiferente. "Apenas alcanza para los fines dispuestos", contestó nervioso el gobernador... De pronto se detuvo en su explicación y con desagrado miró hacia unos grupos de indios vestidos de blanco que se acercaban encabezados por una anciana descalza. "Señor, somos pobres. Si estos rateros nos quitan las tierras correrá otra vez nuestra preciosa sangre", dijo la anciana, con una voz de niña, encarándose con el ministro.

Capítulo III

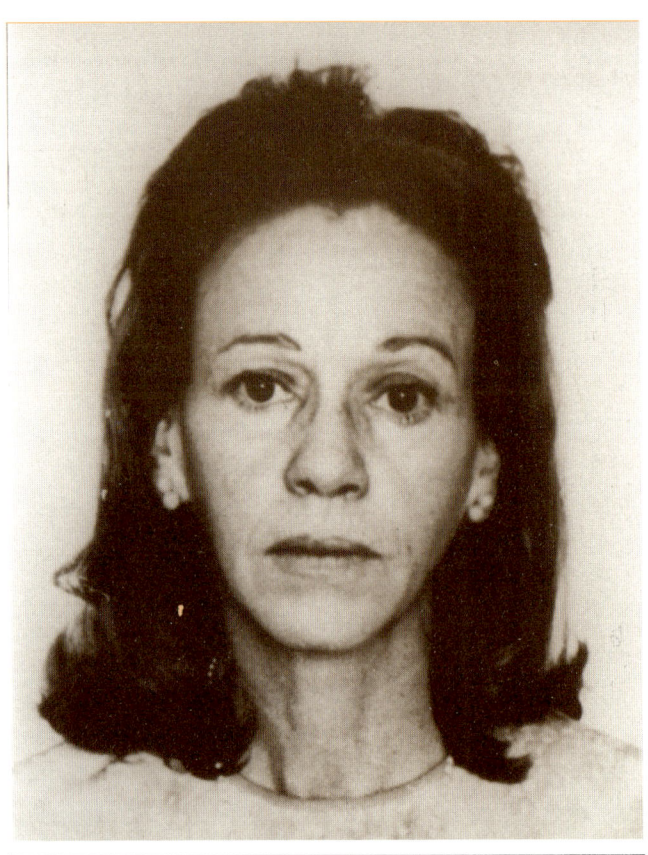

Con el cabello teñido de negro para poder escapar después de haber permanecido prisionera cuatro meses en un hotel, junto con su hija Helena, a raíz de la matanza del 2 de octubre de 1968. Acusada de ser la organizadora de un complot comunista para derrocar al gobierno, Elena es atacada por el aparato gubernamental, por la prensa, por las fuerzas policiacas y por los intelectuales cuando declara que éstos no habían asumido responsabilidad ante el movimiento estudiantil.

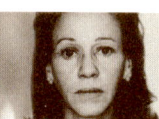

Yo sólo soy memoria

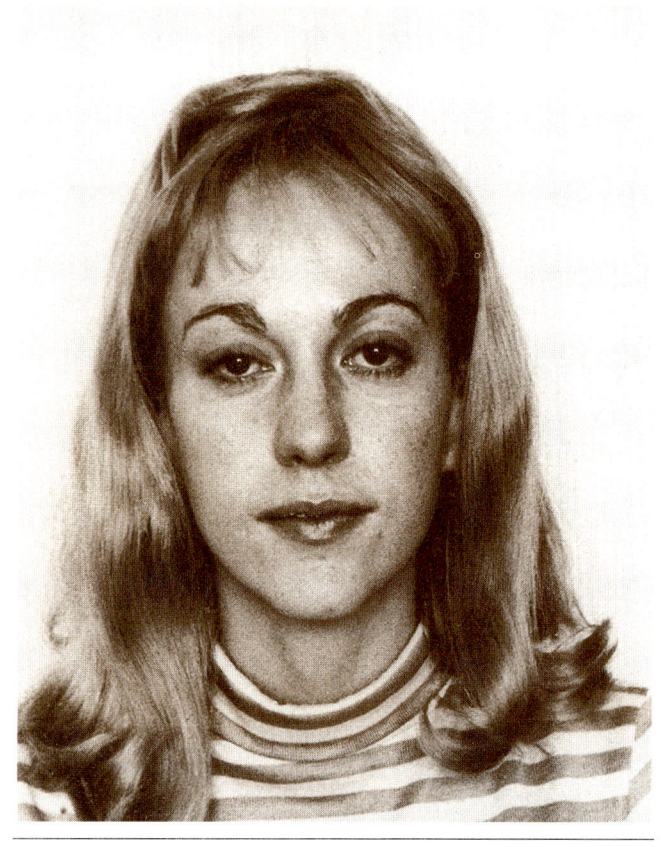

Helena Paz (1968): "A mí [me acusaron] de haber pedido públicamente que ejecutaran a mi padre por traidor a la patria".

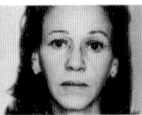

Capítulo III

Sin salida, en su casa de Las Lomas (1971). El gobierno no perdona. Elena, la que defendió a los pobres, a los desposeídos, a los indios, se hundió junto con ellos.

Yo sólo soy memoria

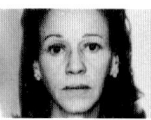

La angustia y el dolor reflejados en el rostro después de tres años de persecución sistemática (1971). En Los recuerdos del porvenir *plasmó lo que había visto de niña; la misma tiranía y violencia se repiten en su vida adulta. Elena es la voz sibilina que capta el tiempo cíclico mexicano sin porvenir:*

En esos días era yo tan desdichado que mis horas se acumulaban informes y mi memoria se había convertido en sensaciones. La desdicha, como el dolor físico, iguala los minutos. Los días se convierten en el mismo día, los actos en el mismo acto y las personas en un sólo personaje inútil. El mundo pierde su variedad, la luz se aniquila y los milagros quedan abolidos. La inercia de esos días repetidos me guardaba quieto, contemplando la fuga inútil de mis horas y esperando el milagro que se obstinaba en no producirse. El porvenir era la repetición del pasado. Inmóvil, me dejaba devorar por la sed que roía mis esquinas. Para romper los días petrificados sólo me quedaba el espejismo ineficaz de la violencia, y la crueldad se ejercía con furor sobre las mujeres, los perros callejeros y los indios. Como en las tragedias, vivíamos dentro de un tiempo quieto y los personajes sucumbían presos en ese instante detenido. Era en vano que hicieran gestos cada vez más sangrientos. Habíamos abolido el tiempo.

Capítulo IV
El silencio y la soledad en el exilio

1972

1993

Creo que separarse de todo es el infierno... creo que el exilio es un error porque es estar en el vacío, no hay eco para nada, es un poco desdichado el exilio...

Yo sólo soy memoria

Bajo el signo del ostracismo, Elena experimenta los años más cruentos de su vida en el exilio. Llega a Nueva York donde sobrevive hasta 1974, año en que es expulsada de Estados Unidos por razones políticas. Viaja a Madrid; sin dinero, sin amigos, sola, abandonada por todos, el alma que se hundió junto con los marginados rondará de hostal en hostal en la capital española de 1974 a 1981. Gracias a Tierno Galván, alcalde de Madrid, publica algunas cosas para comer. También gracias a Emilio Carballido, a quien llamaba "la Divina Providencia", empezaron a aparecer sus libros consecutivamente a partir de 1980: *Andamos huyendo Lola*, colección de cuentos donde retrata la miseria a que fue reducida su vida junto con su hija Helena ante las calumnias infligidas contra ellas durante los eventos turbulentos de 1968; *Testimonios sobre Mariana* (1981), ganadora del Premio de Novela Juan Grijalbo; *Reencuentro de personajes* (1982) y *La casa junto al río*, donde relata aspectos escalofriantes de su familia paterna (1983).

Durante su estancia en España escribe *Un traje rojo para un duelo, Busca mi esquela & Primer amor, Un corazón en un bote de basura*, los relatos recopilados en *La vida empieza a las tres…* y *El accidente y otros cuentos inéditos*, aunque no tenga editores.

De Madrid se traslada a París, donde vive doce años al lado de su hija y de sus gatos. De 1981 a 1993 Elena, acompañada por la soledad, sigue escribiendo incansablemente en la capital francesa. En estos años produce: *Y Matarazo no llamó…, Inés, Memorias de España 1937, Mi hermanita Magdalena*, textos que verán la luz en la década de los 90.

Poco se sabrá de ella en estos años marcados por la desdicha, el ostracismo y la desesperación. Dará una que otra entrevista, pero básicamente cerrará las puertas al mundo que la condenó injustamente a la inexistencia. Sabremos más de ella a través de los libros que, gracias a las editoriales mexicanas, aparecerán en los 80 y los 90.

En este periodo de silencio y ostracismo le envié varias cartas a Elena en Madrid. La respuesta a una de ellas la comparto aquí con los lectores.

Yo sólo soy memoria

Madrid, a II de marzo de I98I.
Señorita Patricia Rosas

Querida Patricia:

Quise escribirte desde que leí tu crítica a "Los Recuerdos del Porvenir", crítica que me dejó profundamente sorprendida. No pensé que en estos momentos de impostura, lugares comunes, improvisaciones y frivolidades existiera una chica tan preparada, inteligente y brillante como tú. Si tu estudio hubiera sido para otro libro te diría lo mismo y hubiera deseado que fuera para alguno mio. ¡Ya ves tuve suerte¡. Sin embargo no me mueve la vanidad personal sino el deslumbramiento al descubrir la existencia de una jovencita poseedora de un lenguaje tan fácil y de una cultura tan amplia como la tuya. Veo que amas a los Románticos Alemanes. Tambien yo los amé desde niña y durante toda la parte de mi vida en la que tuve tiempo y capacidad de amor. Ahora no me queda nada, sino un recuerdo vago de lo que fuí. Estoy muy deprimida.

He releído a Dostowievsky. Es decir siempre lo leo, pero a finales del año pasado tuve la suerte de encontrar sus obras completas en un puesto callejero muy baratas. ¡Baratísimas¡ y las compré, ya que es casi, casi mi escritor favorito. (Creo que es el autor para los desdichados o, para aquellos que necesitan hacer un examen de conciencia). Convencí a dos jóvenes mexicanos, que iban con nosotras a comprar sus obras completas y ahora lo están leyendo en Acatlán de Juárez, Jalisco. Releyéndolo descubrí que la humillación es mala. Produce sentimientos malvados en el hombre. Yo me siento profundamente humillada y quisiera reaccionar con violencia, volverme malvada, pero solo he logrado volverme idiota. He perdido el poder de reacción y aguanto los palos inmóvil y aburrida. Me resulta casi imposible escribir y cuando lo hago lo hago mal. Tú que eres tan joven procura esquivar los golpes y asi salvarás tu enorme talento, tu fuerza creadora y tu capacidad de asombro.

El mes pasado nos dieron la puntilla a Helena mi hija y a mi. Es horrible contar lo que te sucede, de manera que no te agobiaré con mi carga de piedras, solo te cuento esto para que disculpes mi retraso en contestarte. Además deseaba escribirte una carta inteligente y ya ves, te escribo necedades. Tal vez porque he llegado a una edad en la que necesitaría tener, por ejemplo, una cocina y no vivir cada día como una mendiga que puede ingresar en cualquier momento en el asilo de mendigos en el que ya estuvimos Helena y yo en I978. Cuando entramos allí, gracias a los buenos oficios del Cónsul de México y del papá de mi chica, supe que nos habían roto los sellos de la dignidad. No se puede alcanzar ciertos niveles de abyección, sin que no quedes marcada por la infamia. No me mueve la soberbia para decir esto. No, es una convicción profunda y una experiencia intransferible las que me mueven a afirmarlo. Y todo por qué?. Todavía lo ignoro. Comprenderás que tengo que creer en otro mundo, en otra dimensión celestial en la que no ocurren cosas parecidas y en donde el orden es perfecto.

Estoy esperando con ansias tu crítica sobre "Andamos huyendo Lola" que me llegará con mucho retraso, pues en el despacho de Tierno Galván existe un gran desorden o demasiada correspondencia y a veces los paquetes se pierden. Por ejemplo, los ejemplares de "Lola" que me envió Mortiz se perdieron... tal vez sería mejor que me escribieras a mi domicilio: E. Garro, Plaza San Juan de la Cruz número 7, Apto. 2-6, Madrid 3, España.

Te enviaré las fotografías que me pides en cuánto tenga dinero para el envío. El Correo es carísimo. Mandé una novela este mes y me quedé en la ruina. Te pido un poco de paciencia. Estos son años aciagos. Hablando de otra cosa, tu nombre me recuerda dias magníficos, pienso en el

Capítulo IV

señor Rosas, de Tuxpan, Veracruz y en su hijo Raulito, que fue muy amigo mío. El señor Rosas invitó a Helena y a sus primas a su casa y pasaron unos días maravillosos. Tal vez tú los conozcas sino personalmente, de referencias. Pertenecían a un grupo amigo muy entrañable y que aparece en Mis Memorias, que no podrán publicarse hasta que Dios lo disponga. Ya sabes que con la famosa Libertad tan cacareada, la única libertad que te permiten es la de callar y aguantar palos. Y esto sucede aquí y adonde quiera y ante Dios, como decían en Guerrero.

En España todo está desquiciado. Hay un desorden general, una enorme confusión y un oportunismo muy desagradable. Esta situación acelerada puede desembocar en cualquier cosa. Por cierto, no me interesa. Y cómo yo, opina la mayoría de la gente. El juego político ha enseñado la oreja con demasiado cinismo y esto ha conducido a la opinión pública (no a la de los periódicos, que reflejan únicamente sus propios y exclusivos intereses personales) a una indiferencia despectiva y a una desmoralización colectiva. Balzac, en sus juicios sobre los periodistas en "Grandeurs et miseres des Courtisans" fue un profeta, pero se quedó corto. Lo que lees en los diarios no corresponde en absoluto a la realidad. A veces pienso que se trata de un complot de mediocres contra los pueblos o cuando menos contra el pueblo de aquí. Pienso que tendrán que hacer un baño de sangre para asegurar el poder. Un baño gigantesco en el que nos ahogaremos todos. La vida está carísima, hay muchos mendigos, cosa que antes no veías nunca y una desmoralización total. El medio ambiente te condiciona aún más a la depresión. Un amigo dijo ayer: "Pronto tendremos que ir con un saco de billetes para comprar un boleto de Metro o de autobús".

Me callo, es mejor no hacer comentarios y te ruego que no comentes esta carta. El terror es el silencio. Yo ya pagué mi cuota.

No sé nada de México. Si me escribes cuéntame algo. Vivo muy aislada y la verdad es que no tengo deseos de compartir mi soledad con nadie. Se acerca el horrible verano, hay sequía y nos preparamos a achicharrarnos. Bueno querida Patricia, te envío toda mi admiración, mi afecto y mi amistad. ¡Muchas gracias por todo lo que has hecho por mi¡. Te quiere

Elena Garro

Elena en Madrid con Clara Janés (derecha) y Gabriela Mora (al centro)(agosto de 1979). Durante su exilio en España Elena escribió los relatos de *Andamos huyendo Lola,* en los que con tono satírico expone el fracaso de la lucha por la justicia y el triunfo de la mentira o la farsa de aquellos que detentan el poder:

—*L* ola, la Libertad exige que no tengas libertad. Lo sabes porque conoces los tres tiempos que forman un sólo tiempo. Me recuerdas también a Cleopatra, ¡otra infortunada!... No podemos ir a la comisaría, aunque es el tiempo de los Comisarios, porque tú, Lola, no existes. Así lo decretaron "las cabezas bien pensantes" que vigilan con celo la libertad de los pueblos. Además, las aureolas y las coronas han sido decretadas enemigas públicas de los Derechos del Hombre. La dificultad reside en que para gozar de los Derechos hay que ser Hombre. Y ser Hombre es algo así como ser Diputado por lo menos y como no eres Diputado, Lola, no tienes ningún Derecho. En cambio los demás gozan del legítimo Derecho de insultarte, patearte, echarte a la calle o llevarte a cualquier comisaría. "Las cabezas bien pensantes" han legalizado el insulto, las patizas y las comisarías para las Minervas.

Capítulo IV

Helena Paz, Elena Garro y Clara Janés en las calles madrileñas (agosto 1979). Al periodo en España también corresponde la creación de *Un traje rojo para un duelo*, relato escalofriante donde el poder, las intrigas y la maldad de la abuela destruyen paulatinamente la inocencia de una adolescente forzada a ingresar al mundo de la mentira mediante un rito iniciático en el que no caben ni el amor ni la compasión:

E n los grandes almacenes Pili revisó con cuidado las secciones de trajes hechos y tuve que probarme uno tras otro...

—¡Abuela, habíamos escogido el traje rojo! –le reclamé.

Pancho nos llevó a la tienda de la francesa. En el trayecto me asustó la tensión del rostro de mi abuela: se diría que se preparaba para hacer algo perverso... yo volví a probarme el traje rojo y a contemplarme en "los espejos de Alicia". De pronto escuché decir a mi abuela:

—No puedo pagar ese precio...

—Abuela, ¿si no pensaba comprármelo para qué me trajo aquí?...

—¡No sé cómo puedes pensar en trajes cuando apenas antes de ayer enterraron a tu abuelo! El pobre todavía no se enfría y tú sólo piensas en fiestas...

La francesa me miró asombrada. ¡Mi conducta era escandalosa! Yo corrí al vestidor para arrancarme el traje rojo... Lo que no podía explicarle a aquella señora era que mi abuela y mi padre me habían convencido de la necesidad ¡vital! de ir a aquella fiesta y poseer aquel traje. Nadie me creería y yo resultaba una infame... Pili asomó su cabeza pequeña por las cortinillas del vestidor; parecía satisfecha. ¡Como siempre, me había vencido y además me hacía aparecer como un monstruo!

Yo sólo soy memoria

José Bergamín y las dos Elenas (finales de los años 70). Al célebre poeta de la "Generación del 98" Elena lo conoció durante su estancia en España en plena Guerra Civil. De él recuerda la siguiente anécdota en *Memorias de España 1937*:

𝐴 mí me gustaba César Vallejo. Nunca entendí la manía que le tenía Pablo Neruda ni la persecución que ejercía contra él. En España Pepe Bergamín me dijo: "Envidia de 'La Chirimoya'". (Así llamaba a Pablo. Ambos llevaban una riña encarnizada, a tal punto que después de que Pablo recibió el Premio Lenin, el Comité Ejecutivo del Partido Soviético tuvo que intervenir, llamar a los dos y obligarlos a terminar la querella.) Esto lo contaba Pepe Bergamín, riéndose con gran malicia... "¿No recuerdas que era muy envidioso? Y como los dos eran poetas de América, pues no se lo perdonaba, sobre todo que Vallejo era mucho mejor poeta que él, ¡'La Chirimoya' no era tonta y lo sabía...!" Sí, algo pasaba con César Vallejo, estaba muy aislado, vivía con Georgette, su mujer, en un hotelito muy pobre del barrio latino... Una noche en la que fuimos con ellos a un mitin, Vallejo quiso colocarse hasta adelante, para no perder ni una palabra de lo que allí se iba a decir. El teatro estaba repleto y nos quedamos de pie en el pasillo, muy cerca de la escena. A mí no me interesaban los oradores, me fascinaba el rostro grave de Vallejo, como si estuviera devorado por un terrible sufrimiento, y no pude quitarle la vista de encima. Él se dio cuenta de cómo lo miraba y me echó un brazo al cuello, sin dejar de escuchar a los oradores. A su contacto, me invadió una corriente de bondad que nunca más he vuelto a sentir. Aquel hombre era un hombre aparte, era un poeta. Creo que la poesía va unida a

Capítulo IV

Cangas de Onís desde el puente romano de la casa que perteneció a sus abuelos y a su padre, José Antonio Garro. Esta casa es la protagonista de su novela *La casa junto al río* (abril 1985):

*E*n unos minutos llegó al puente ancho y moderno. A la izquierda estaba el puente romano, apenas visible entre las sombras y la niebla. Su silueta familiar la recibió con una alegría mezclada de tristeza… El puente romano invitaba a atravesarlo, era un arco de triunfo, y empezó a subirlo. Alguien la llamó por su nombre: "¡Consuelo!"… Del otro lado del puente romano existía el país de la bruma, los huertos de castaños, los caminos de helechos, los manzanos, los macizos de rosas y el aire leve y aromatizado… De repente, frente a ella apareció la casa junto al río brillando como una gran rosa marchita, encerrada en rejas despintadas…

Yo sólo soy memoria

Elena en Madrid, finales de los 70. La mujer que perdió su cocina:

𝒟esobedeciste a tus padres. Te fuiste corriendo ese domingo. Anduviste en parajes lejanos, abandonada de tus padres y contaminada por extraños, por eso me quedé yo a esperarte en la cocina. Así se lo prometí a tu santa madre... Pensaste sólo en vanidades... Primero iremos al Camposanto, para que les rindas cuentas a tus padres... Después, iremos a buscar las ramas de pirú y luego, limpia, llamaremos humildemente a las Puertas de Oro y Plata de la Gloria. Si no te permiten entrar, volveremos aquí, a esta cocina oscura, en donde te expliqué los dos caminos, el de las rosas y el de las espinas y que tú no quisiste escuchar y sembraste la desdicha en tu familia... dijo la voz de Tefa, que va guiando a Lelinca entre las sombras...

Capítulo V
El reencuentro con México

1993

1998

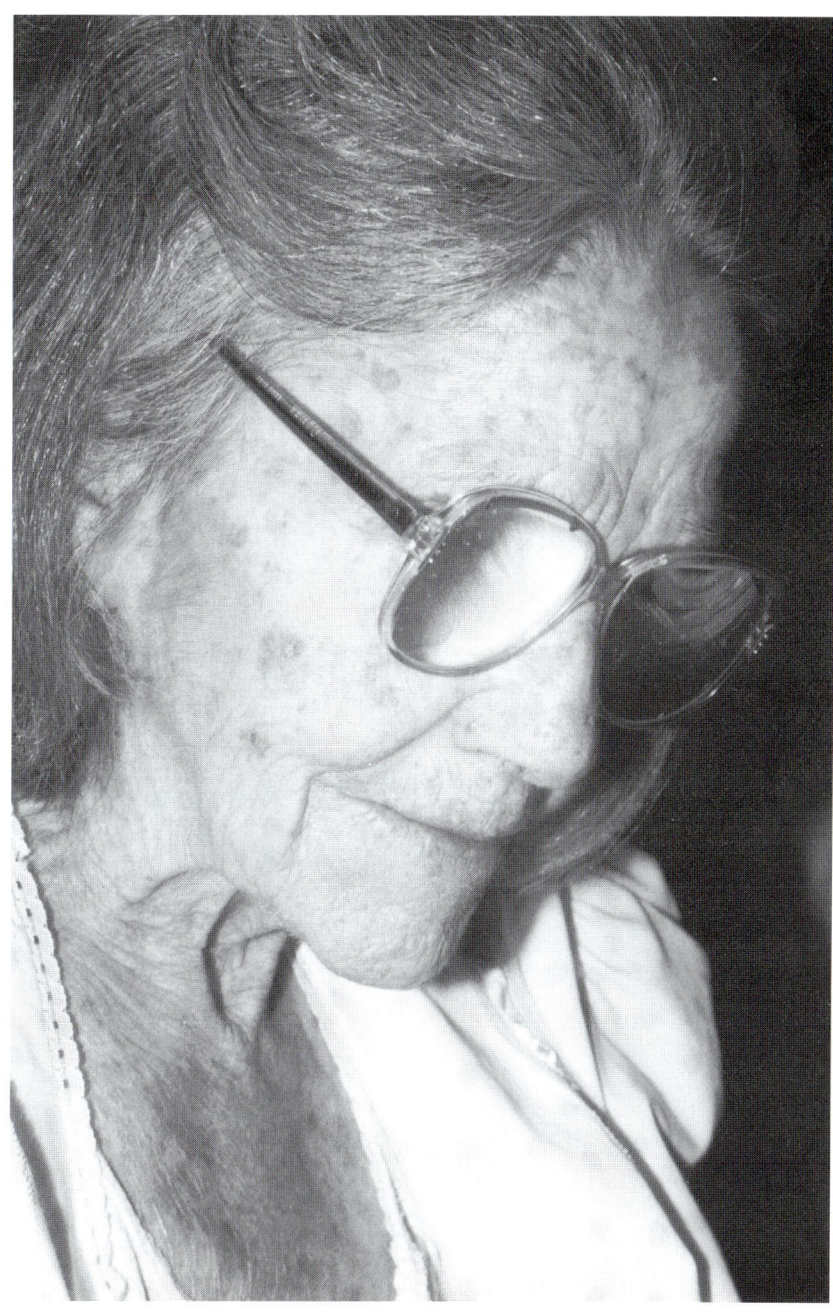

Me parece muy raro, me parece muy raro estar en México... es como un sueño.

Yo sólo soy memoria

En noviembre de 1991 Elena Garro regresó a México después de casi 20 años de ausencia. Invitada por la Sociedad General de Escritores Mexicanos (SOGEM), presenció la XII Muestra Nacional de Teatro en Aguascalientes dedicada a su obra teatral. Fue aclamada por intelectuales, profesores, estudiantes y público en general. Asistió a una serie de homenajes por diferentes ciudades del país, culminando con el de Bellas Artes, en la Ciudad de México. En esa visita se empezaron las pláticas para que la autora de *Un hogar sólido* y su hija, la poeta Helena Paz Garro, se reinstalaran permanentemente en su país de origen.

Dos años más tarde, en julio de 1993, las dos Elenas llegan a México acompañadas de sus gatos franceses. Tuvieron que conformarse con vivir en un pequeño apartamento ubicado en la ciudad de Cuernavaca. Aquellos que les prometieron una casa y trabajo no cumplieron. Por un lado las regalías de sus libros, así como la beca vitalicia del Consejo Nacional para la Cultura y las Artes (CONACULTA) y la pensión que Octavio Paz les proporcionaba, les permitieron ir solventando los gastos y la vida. Los primeros dos años desde su llegada a México Elena estuvo vigorosa: presenció un homenaje en la ciudad de Puebla; dio entrevistas a la prensa, a la radio y a la televisión; vio las ediciones de sus libros *Inés* (1995), *Un traje rojo para un duelo* (1996), *Un corazón en un bote de basura* (1996), *Busca mi esquela & Primer amor* (1996) entre otros. Con este último obtiene el Premio Sor Juana Inés de la Cruz y se publica en Estados Unidos la versión en lengua inglesa.

En 1994, con motivo del 80 aniversario de Octavio Paz, declaró sentirse orgullosa de que éste hubiera recibido el Premio Nobel de Literatura en 1990: "Todos los mexicanos deben estar orgullosos de tener un Nobel en Paz. Yo sí estoy orgullosa".

Sin embargo, Elena Garro se irá quebrando abrumada por la falta de aire, de espacio, de jardines. Soñaba con un lugar verde, una casa con prados para sus gatos por donde entrara el viento y la refrescara. Quizás Elena ya no escribió como antes porque, como Blandina, la costurera de *Los recuerdos del porvenir*, no "halló" el espacio que la inspirara. México pudo haberle dado por lo menos una casa, después de todo, como presagió en su infancia el profesor Rodríguez, "[Elena] sería [es] una gloria nacional".

Capítulo V

El Instituto de Cultura de Morelos, El Colegio de México y la Universidad de Texas de Permian Basin celebraron, el 4 y el 5 de julio de 1997, el único Simposio Internacional en vida de la autora en honor a su obra. En Cuernavaca nos reunimos más de treinta estudiosos para rendirle homenaje a través de ponencias sobre sus novelas, relatos, teatro y textos llevados al cine. Participaron intelectuales y profesores de universidades mexicanas y estadounidenses como Margo Glantz, Gloria Prado, Luz Elena Gutiérrez de Velasco, Marcela del Río, Evodio Escalante, Alessandra Luiselli, Javier Durán, Lady Rojas-Trempe, Lucía Melgar, Rhina Toruño, Elena Urrutia, Margarita Tapia, entre muchos otros. Desafortunadamente, debido a su precario estado de salud, Elena no pudo presenciar al público y a los ponentes admiradores de su obra y de su incansable lucha por las causas justas.

Elena Garro Navarro muere un año más tarde, el 22 de agosto de 1998, dejándonos "por los siglos de los siglos" la fuerza y el poder de su lenguaje poético y una mirada profunda y aguda sobre el tiempo que le tocó vivir.

Yo sólo soy memoria

Las dos Elenas con José María Fernández Unsaín en una conferencia de prensa a su llegada a Monterrey (9 de noviembre de 1991). En este año se publicó su novela *Y Matarazo no llamó...* en la que alude indirectamente a la experiencia de 1968:

—Nos dispararon... –dijo Tito como si fuera a echarse a llorar.

Estaba conmocionado; no esperaba una reacción tan violenta de parte del gobierno, se sentía traicionado y apenas si encontraba fuerzas para hablar (...)

—¿Quién fue el canalla que lo golpeó de esa manera? ¿Y quién lo trajo a mi casa?...

"No parece un obrero", se dijo Eugenio convencido. Tampoco usaba zapatos de obrero: el herido llevaba unos pantalones de casimir color azul marino muy deshilachados, que al principio tomó por mezclilla. Lo observó con intensidad. ¿Quién podía ser el hombre que yacía inmóvil en su lecho? Por primera vez tuvo miedo. "Ya sé lo que produce el miedo, es lo desconocido."

Capítulo V

Elena y sus admiradores; Patricia Rosas Lopátegui (izquierda) entre ellos. (Monterrey, noviembre de 1991).

Yo sólo soy memoria

En el Teatro Monterrey develando una placa en su honor (noviembre de 1991).

Capítulo V

Con su amigo Carlos Landeros en la Ciudad de México (diciembre de 1991).

Homenaje en Puebla. Con el profesor Antonio Esparza (1995).

Con el dramaturgo Héctor Azar y Amapola Tenochio (Puebla, 1995).

Capítulo V

El presidente municipal de Puebla, Marco Antonio Rojas F., saluda a la escritora homenajeada (1995).

Un homenaje lleno de flores y un merecido reconocimiento para Elena Garro.

Yo sólo soy memoria

En su modesto departamento de Cuernavaca (1997). (Foto de Paul.) En Colombia, cuando alguien se muere, dicen: "Y se quedó indiferente"… pues yo me he quedado indiferente. Sobre todo al volver, al volver y darme cuenta: Bueno, pero qué pasó aquí, demonio. Yo no entiendo. ¿Por qué este maltrato?

Capítulo V

Con Elena la inteligente, la bella, la buena, después de navegar por el pasado (julio de 1997).

Elena Garro, Helena Paz y Patricia Rosas Lopátegui durante la firma de contratos en la ciudad de Cuernavaca (diciembre de 1997).

Yo sólo soy memoria

Elena sentía gran ternura por los niños. Con el "general" Emiliano Reed (1998). Garro recuerda esta canción de su niñez y se la canta al "general Emiliano": ༄ Mi general, cante esta canción: "Mi general tiene hambre, guárdenle de comer, no se lo acaben todo, déjenle la mitad, empújenlo, empújenlo, empújenlo por detrás". Ven aquí, general, ven aquí, generalito. Generalito, ¿no quiere usted hacer un viaje a caballo? ༄

Capítulo V

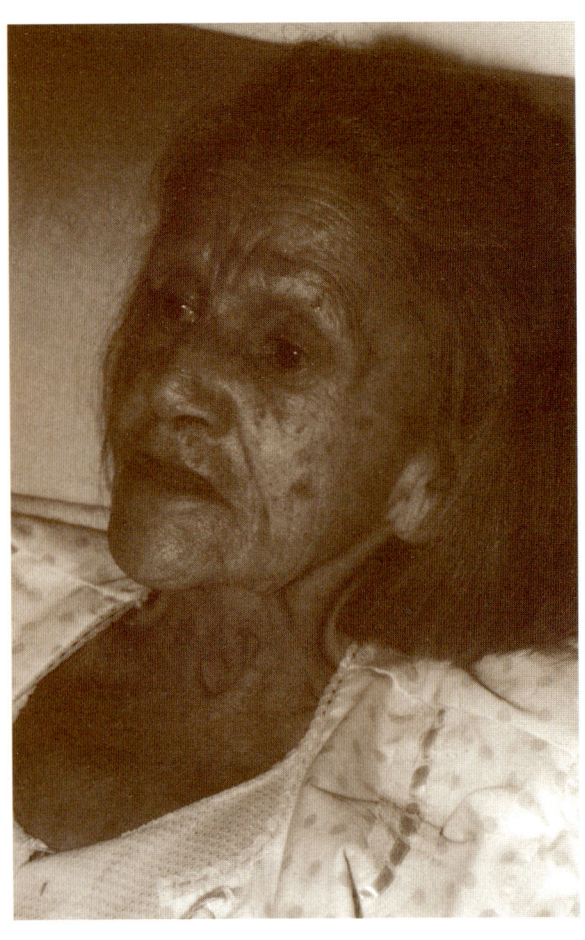

☙ Yo luché muchos años por ayudar a los indios de Morelos. Los asesoré en pleitos agrarios. Vinieron muchas veces a mi casa. Ahora sólo un milagro puede salvar a los pobres de México. Son muchos y son seres humanos como tú, como yo, y sufren y padecen. Están muy cerca de la santidad. ❧ (Foto de Paul, 1997.)

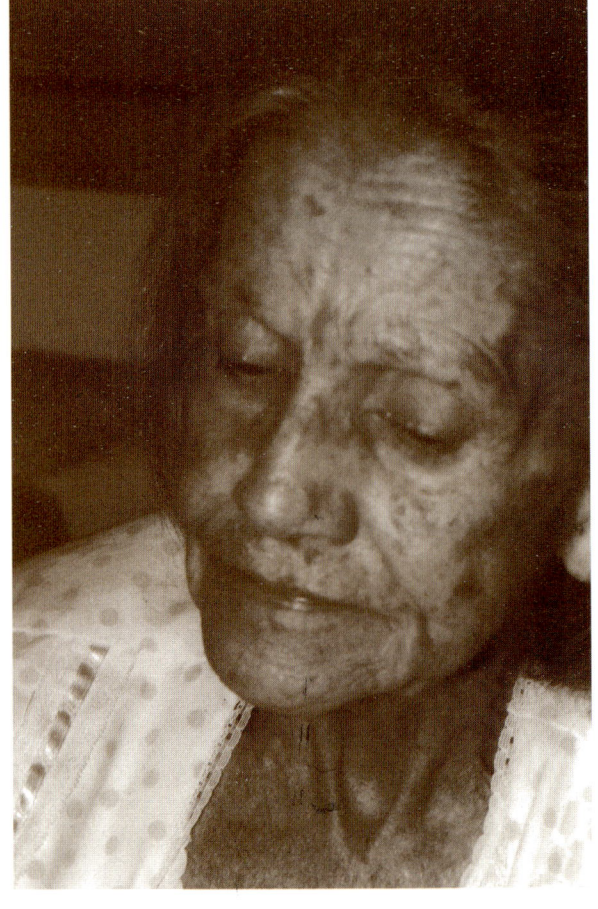

☙ Nunca me he sentido sola. Estoy muy sola porque me gusta estar sola. Porque estando sola, por ejemplo, aquí, me pongo a pensar, a imaginar, a amar las cosas, a los amigos, a mis gatos… La soledad no me parece trágica. ❧ (Foto de Paul, 1997).

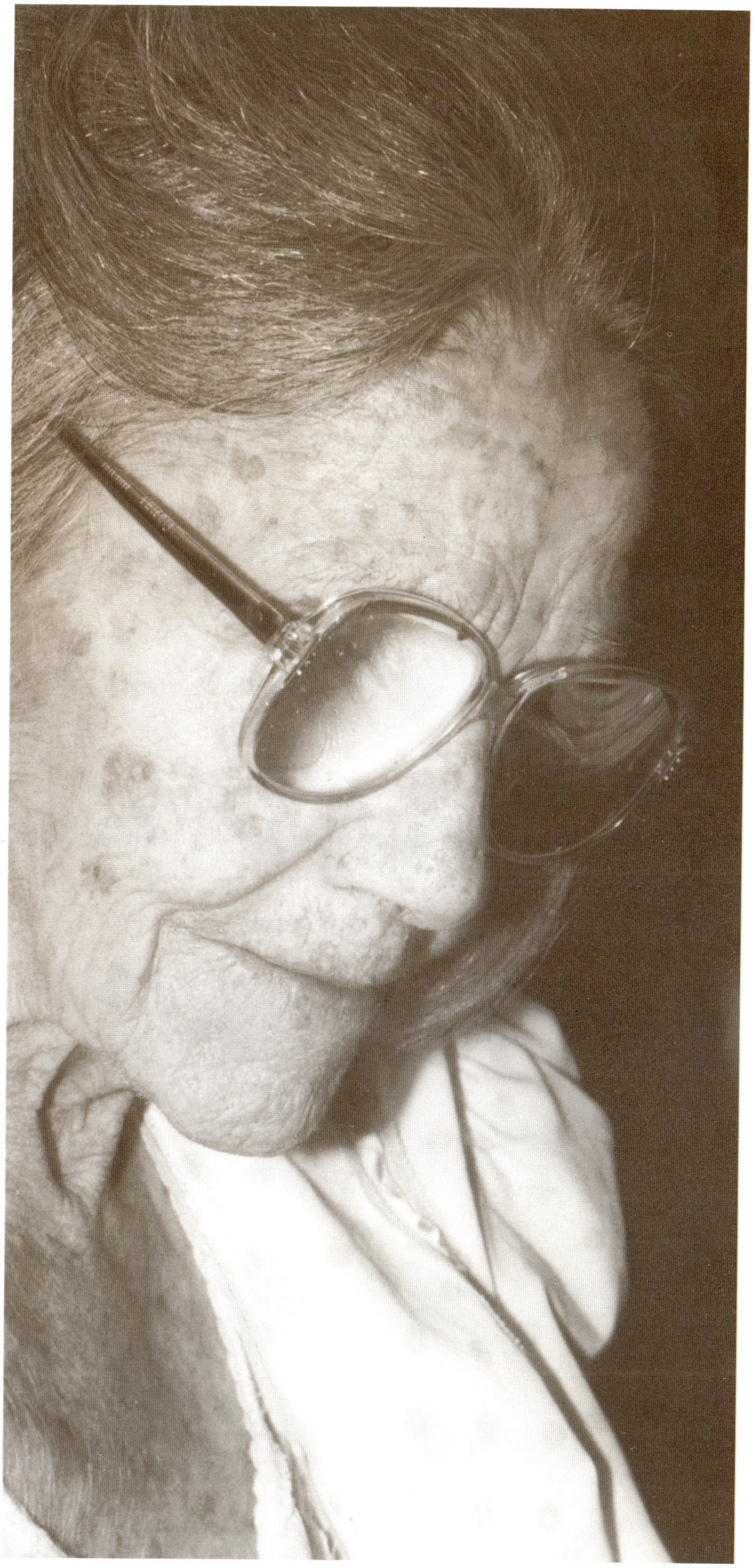

Yo sólo soy memoria

𝒴o sólo soy memoria y la memoria que de mí se tenga (*Los recuerdos del porvenir*).

(Foto de Paul, 1997.)

EPÍLOGO

Vida y obra dialogan permanentemente en Elena Garro. Si las imágenes develan una existencia solitaria con múltiples senderos, imposiciones, disyuntivas y frustraciones, su obra refleja el compromiso vital, político y social que Elena asumió desde sus inicios en el mundo de las artes y del periodismo. A los 18 años, recién casada, ingresa como presidiaria a una cárcel de menores para mujeres. Observa desde dentro las atrocidades que se comenten con las presas y, gracias a su osadía, se descubre una verdad escalofriante: publica varios artículos en la revista *Así* denunciando la crueldad y el sadismo de los castigos infligidos a las presidiarias y la directora de la cárcel, Isabel Falcón Cano, es cesada de su cargo.

Así asumió Elena la vida. Buscó la justicia, luchó contra la tiranía, escribió sobre la opresión femenina porque vivió en una sociedad donde las mujeres que se atrevían a explorar su capacidad pensante, analítica o crítica eran castigadas, como les sucede a Isabel, Mariana, Lidia, Blanca, Titina, Clara, Lola, Lucy, Lelinca, Verónica y tantas otras protagonistas emisarias de su cosmovisión.

Decir Elena Garro es decir controversia, intriga, traición, pero también es decir justicia, derechos humanos, tierra para los campesinos, espacio para la mujer, y es decir renovación en el teatro y en las letras mexicanas. Yo me pregunto: ¿qué es lo que no se le perdona a Elena? ¿Haber hecho declaraciones a la prensa en contra de los intelectuales como reacción a las que se habían realizado en contra suya al calor de los acontecimientos de 1968? ¿Haber atacado abiertamente la tiranía del PRI? ¿Haber peleado por la tierra de los campesinos? ¿O, como a Sor Juana, no se le perdona haber renovado el teatro y la narrativa hispanoamericanos y haberlo hecho siendo mujer, una mujer más brillante e inteligente que muchos de sus coterráneos?

Su mirada inquisitava y poética, su capacidad analítica e irreverente, harán que algún día queden atrás las rencillas y su obra ocupe el lugar que verdaderamente se merece al lado de Juan Rulfo, OctavioPaz, Emilio Carballido, Rosario Castellanos, Miguel Ángel Asturias, Jorge Luis Borges, Gabriel García Márquez, Julio Cortázar, Juan Carlos Onetti, Alejo Carpentier... en fin, al lado de las grandes voces hispanoamericanas que, como la de Elena Garro, han configurado nuestra identidad, herencia y modernidad.

BIBLIOGRAFÍA DE ELENA GARRO

Un hogar sólido. México: Universidad Veracruzana, 1a. ed., 1958. Teatro (6 piezas)
Un hogar sólido. México: Universidad Veracruzana, 2a. ed., 1983. (12 piezas)
Los recuerdos del porvenir. México: Joaquín Mortiz, 1963. Novela. Premio Xavier Villaurrutia, 1963.
La semana de colores. México: Universidad Veracruzana, 1964. Cuentos (11 cuentos)
La semana de colores. México: Grijalbo, 1989. (13 cuentos)
Felipe Ángeles. México: UNAM 1979. Teatro
Andamos huyendo Lola. México: Joaquín Mortiz, 1980. Cuentos
Testimonios sobre Mariana. México: Grijalbo, 1981. Novela. Premio Juan Grijalbo, 1980.
Reencuentro de personajes. México: Grijalbo, 1982. Novela
La casa junto al río. México: Grijalbo, 1982. Novela corta
Y Matarazo no llamó... México: Grijalbo, 1989. Novela corta
Memorias de España 1937. México: Siglo XXI, 1992. Memorias
Inés. México: Grijalbo, 1995. Novela corta
Busca mi esquela & Primer amor. México: Ediciones Castillo, 1996. Novelas cortas. Premio Sor Juana Inés de la Cruz, 1996.
Un traje rojo para un duelo. México: Ediciones Castillo, 1996. Novela corta
Un corazón en un bote de basura. México: Joaquín Mortiz, 1996. Novela corta
El accidente y otros cuentos inéditos. México: Seix Barral, 1997. Relatos cortos
La vida empieza a las tres... Hoy es jueves... La feria o De noche vienes. México: Ediciones Castillo, 1997. Relatos cortos
Mi hermanita Magdalena. México: Ediciones Castillo, 1998. Novela

TRADUCCIONES AL INGLÉS

First Love & Look for my Obituary. Trad. David Unger. Willimantic, CT: Curbstone Press, 1997.
Recollections of Things to Come. Trad. Ruth L.C. Simms. Austin: University of Texas Press, 1986 (agotado).

BIBLIOGRAFÍA Y HEMEROGRAFÍA SELECTAS
SOBRE LA OBRA DE ELENA GARRO

Agustín, José. "Desafíos literarios: *Reencuentro de personajes*". *Excélsior*, 27 de febrero, 1983. Cultura 2.

Anderson, Robert K. "La cuentística mágica de Elena Garro". *Proceedings of the Third Lousiana Conference on Hispanic Languages and Literatures*, 18-20. February 1982. 44-55.

Argüelles, Juan Domingo. "Elena Garro, extraordinaria y política". *El Día*. 17 de mayo 1983.

Bartow, Joanna. "Isolation and Madness: Collective Memory and Women in *Los recuerdos del porvenir* and *Pedro Páramo*". *Revista Canadiense de Estudios Hispánicos* 18, no. 1 (1993): 1-15.

Beverido Duhalt, Francisco. "*Los perros* de Elena Garro: La ceremonia estéril". *Texto Crítico* 12, nos. 34-35 (1986): 118-35.

Birón, Rebecca. "*Testimonios sobre Mariana*: Representación y la otra mujer". 161-83. *Sin imágenes falsas, sin falsos espejos: Narradoras mexicanas del siglo XX*. Aralia López González, ed. México: El Colegio de México, 1995.

Callan, Richard. "El misterio femenino en *Los perros* de Elena Garro". *Revista Iberoamericana* 46, nos. 100-101 (1980): 231-35.

_____. "Elena Garro's *El Encanto, tendajón mixto*: The Magical Woman and Maturity". *Crítica Hispánica* 14, nos. 1-2 (1992): 49-57.

Candelaria, Cordelia. "La Malinche, Feminist Prototype". *Frontiers* 5, (1980) 1-6.

Carballo, Emmanuel. "La prosa narrativa en México". *Casa de las Américas* 5, no. 28 (1965): 10.

_____. "La vida y la obra de Elena Garro rescatada por Emmanuel Carballo". *unomásuno*, 24 de enero, 1982, Sábado 2-5.

_____. *Protagonistas de la literatura mexicana*. México: Ediciones del Ermitaño/SEP, 1986.

Castellanos, Rosario. "La novela mexicana y su valor testimonial" en *Juicios sumarios*. Jalapa: Universidad Veracruzana, 1966.

Coronado, Juan. "Elena Garro: Ingenua y diabólica". *unomásuno*, 19 de febrero 1983, 10.

Cresta de Leguizamón, María Luisa. "Nuevas letras, nueva sensibilidad", en *La crítica de la novela contemporánea*. México: UNAM, 1981.

Cypess, Sandra Messinger. "Visual and Verbal Distances in the Mexican Theater: The Plays of Elena Garro", en *Woman as Myth and Methapor in Latin American Literature*, ed. Carmelo Virgilio y Naomi Lindstrom. Columbia: University of Missouri Press, 1985.

Dauster, Frank. "El teatro de Elena Garro: Evasión e ilusión", en *Ensayos sobre teatro hispanoamericano*, 66-77. México: Sep setentas, 1975.

_____. "Elena Garro y sus *Recuerdos del porvenir*". *Journal of Spanish Studies*, 20, no. 8 (1980): 1-2.

Duncan, Cynthia. "'La culpa es de los tlaxcaltecas': A Reevaluation of Mexico's Past through Myth". *Crítica hispánica* 7, no. 2 (1985): 121-27.

Durán, Manuel. "El premio Villaurrutia y la novela mexicana contemporánea". *La Torre: Revista de la Universidad de Puerto Rico* 13, no. 9 (1965): 233-38.

Eldridge, Joan. "Elena Garro, the Civil Rights Parodist". *Utah Foreign Language Review* (1991): 28-36.

Fox-Lockert, Lucía. "Elena Garro", en *Women Novelists in Spain and Spanish America*. Metuchen, N.J.: Scarecrow Press, 1979.

García Ponce, Juan. "Poesía en voz alta". *Revista de la Universidad de México* 9, no. 12 (1957): 29-32.

Glantz, Margo. "*Andamos huyendo Lola*: El niño y el adulto se vuelven expósitos". *unomásuno*, 23 de mayo, 1981, Sábado 21.

González, José Ramón. "Estrategias discursivas y relato fantástico: Sobre 'La culpa es de los tlaxcaltecas' de Elena Garro". *La Torre: Revista de la Universidad de Puerto Rico* 5, no. 20 (1991): 475-88.

Guzmán, Iván. "El árbol". *Los universitarios* 208 (1963): 31.

Jones, Julie. "Text and Authority in Elena Garro's *Reencuentro de personajes*". *Canadian Review of Comparative Literature* 18, no. 1 (1991): 41-50.

Langford, Walter M. *The Mexican Novel comes of Age*. Notre Dame, Ind.: University of Notre Dame Press, 1971.

Larson, Catherine. "Recollections of Plays to Come: Echoes and Foresshadowing in the Theater of Elena Garro". *Latin American Theatre Review* 22, no. 2 (1989): 31-36.

Leal, Luis. "Female Archetypes in Mexican Literature", en *Women in Hispanic Literature, Icons and Follen Idols*. Ed. Beth Miller. Berkeley: University of California Press, 1983.

León Vega, Margarita. "La experiencia del tiempo y del espacio en la novelística de Elena Garro". Ed. Juan Villegas. *Actas Irvine-92. Asociación Internacional de Hispanistas*. University of California, Irvine, (1994): 205-11.

Magaña Esquivel, Antonio y Ruth S. Lamb. *Breve historia del teatro mexicano*. México: Manuales Stadium, no. 8. Ediciones de Andrea, 195.

____. "La señora en su balcón", en *Teatro mexicano del siglo XX*. México: Fondo de Cultura Económica, 1970: 57-71.

Méndez Rodenas, Adriana. "Tiempo femenino, tiempo ficticio: *Los recuerdos del porvenir* de Elena Garro". *Revista Iberoamericana* 51, nos. 132-33 (1985): 843-51.

Molina, Silvia. "Puerta al realismo mágico en *Los recuerdos del porvenir* de Elena Garro". *Los Universitarios* 177-78 (1980): 15-17.

Mora, Gabriela. "Rebeldes fracasadas: una lectura feminista de *Andarse por las ramas* y *La señora en su balcón*". *Plaza* (Revista del Departamento de Lenguas Romances de Harvard University) 5-6 (1981-82): 115-31.

____. "A Thematic Exploration of the Works of Elena Garro". *Latin American Women Writers Yesterday and Today: Selected Proceedings from the Conference on Women Writers from Latin America*. Ed. by Yvette Miller y Charles Tatum. Latin American Literary Review Press, 1975.

____. "*La dama boba* de Elena Garro: Verdad y ficción, teatro y metateatro". *Latin American Theatre Review* 16, no. 2 (1983): 15-22.

____. "*Los perros* y *La mudanza* de Elena Garro: designio social y virtualidad feminista". *Latin American Theatre Review* 8, no. 2 (1975): 5-14.

Mora, Gabriela y Karen S. Van Hooft, eds. "Narradoras hispanoamericanas: Vieja y nueva problemática en renovadas elaboraciones". *Theory and Practice of Literary Criticism*. Ypsilanti, Michigan: Bilingual Press, 1982.

Muncy, Michelle. "Encuentro con Elena Garro". *Hispanic Journal* 7, no. 2 (1986): 69-76).

____. "Perseguidos y perseguidores: El juego de la violencia en la obra de Elena Garro". *Hispanic Journal* 6, no. 2 (1985): 308-18.

Neglia, Erminio. "La escenificación del fluir psíquico en el teatro hispanoamericano". *Hispania* (1975): 884-89.

Ostergaard, Ane-Grethe. "El realismo de los signos escénicos en el teatro de Elena Garro. *Latin American Theatre Review* 16, no. 1 (1982): 53-65.

Pertusa, Inmaculada. "Una aproximación a las realidades mágicas propuestas en el teatro de Elena Garro". *Explicación de Textos Literarios* 25, no. 1 (1996): 105-115.

Piazza, Luis Guillermo. "México y el tiempo en tres novelas muy recientes". *Cuadernos París* 84 (1964): 107.

Portal, Marta. "Elena Garro", en *Proceso de la narrativa de la Revolución Mexicana*, 258-70. Madrid: Espasa Calpe, 1980.

Quemain, Miguel Ángel. "La magia del espacio: Elena Garro". *Quimera* 23 (1994): 26-27.

Rabell, Malkah. "Los dramaturgos mexicanos: *Felipe Ángeles*". *Los Universitarios* 135-36 (1979): 9-10.

Robles, Marta. "Tres mujeres en la literatura mexicana: Rosario Castellanos, Elena Garro, Inés Arredondo". *Cuadernos americanos* 246 (1983): 223-35.

Rojas-Trempe, Lady. "Historia narrativa de la conquista de los indígenas mexicanos: Elena Garro". *Literatura Mexicana* 3, no. 1 (1992): 157-68.

_____. "Ex-patria-ción, locura y escritura en los cuentos de Elena Garro". *Escritos: Revista del Centro de Ciencias del Lenguaje* 8 (1992): 61-83.

_____. "Las peripecias de la mirada del zapaterito de Guanajuato". *Alba de América* 11, nos. 20-21 (1993): 303-10.

_____. "La ronda mágica y la palabra del deseo". *Cuadernos hispánicos* 3 (1990): 137-48.

Rosas (Lopátegui), Patricia. "Entre la memoria y los espacios sagrados". *Tierra Adentro* 28 (1981): 62-64.

_____. "La persecución de Lola". *Excélsior*, 3 de diciembre, 1980. Cultura 2.

_____. "Elena Garro: *Andamos huyendo Lola*: Metáfora de la imaginación. La soledad al lado de la fantasía, libro de aventuras". *Novedades*, 9 de agosto 1981.

_____. "Elena Garro: Los cuerpos y las almas itinerantes". *La semana de Bellas Artes*, 13 de enero 1982, 13.

Rosas Lopátegui, Patricia. "*Un hogar sólido*: pieza existencial para un público mexicano". *Alba de América* 7, nos. 12-13 (1989): 221-31.

_____. "El exilio y el baúl en *Testimonios sobre Mariana*: una perspectiva psiconalítica". *Alba de América* 9, nos. 16-17 (1991): 121-130.

_____. "*La semana de colores* de Elena Garro". *Alba de América* 9, nos. 16-17 (1991): 337-41.

_____. "Los espacios poéticos y apoéticos en *Los recuerdos del porvenir* de Elena Garro". *Hispanic Journal* 16, no. 1 (1995): 95-108.

_____. "Presentación" en *Mi hermanita Magdalena* de Elena Garro. México: Ediciones Castillo, 1998.

_____. "*Mi hermanita Magdalena*: La Odisea de Elena Garro". *Proceso* 1154 (1998): 68.

Rosas Lopátegui Patricia y James Casey Reed. "El baúl, receptáculo de la vida subconsciente y vehículo de la emancipación femenina en *Testimonios sobre Mariana*" en *La nueva mujer en la escritura de autoras hispánicas*. Ed. Juana Alcira Arancibia. Montevideo: Instituto Literario y Cultural Hispánico (1995): 67-78.

_____. "Cambie su cabeza por una importante: La ironía metáforica en *Benito Fernández* de Elena Garro". *Latin American Theatre Review* 32, no. 1 (1998): 51-67.

_____. Rosas Lopátegui Patricia y Rhina Toruño. "Entrevista". *Hispamérica. Revista de Literatura* 60 (1991): 55-71.

Rosser, Harry Enrique. "Form and Content in Elena Garro's *Los recuerdos del porvenir*". *Revista Canadiense de Estudios Hispánicos* 2, no. 3 (1978): 282-94.

_____. "*In illo tempore*: Elena Garro's *La semana de colores*", en *In Retrospect: Essays on Latin American Literature*. Eds. Elizabeth S. Rogers y Timothy J. Rogers, 121-27. York, S.C.: Spanish Literature Publications Co., 1987.

San Pedro, Teresa Anta. "El acto de nombrar en el cuento de Elena Garro 'El día que fuimos perros'". *Explicación de Textos Literarios* 19, no. 1 (1990-91): 17-26.

_____. "Suicida/Fratricida/Deicida/Mujer en el cuento de Elena Garro 'El árbol'", en *Narrativa hispanoamericana contemporánea: entre la Vanguardia y el posboom*. Ed. Ana María Hernández de López. Madrid: Pliegos, 1996.

Sieber, Sharon. "Elena Garro's New Synthesis: Epic and History in *Los recuerdos del porvenir*". *Journal of the Pacific Northwest Council on Foreign Languages*, 18 (1997): 101-11.

Stoll, Anita, ed. *A Different Reality: Studies on the Work of Elena Garro*. Cranbury, NJ: Associated University Presses, Inc., 1990.

_____. "Elena Garro's/Lope de Vega's *La dama boba*: Seventeenth-Century Inspiration for a Twentieth-Century Dramatist". *Latin American Theatre Review* 23, no. 2 (1990).

_____. "*La casa junto al río* de Elena Garro y el gótico-femenino", en *Actas del X Congreso de la Asociación de Hispanistas*, I-IV. Antonio Vilanova, ed. Barcelona: Promociones y Pubs. Universitarias, 1992.

_____. "The Old World vs. the New: Cultural Conflict in Four Works of Elena Garro". *Letras Peninsulares* 5, no. 1 (1989): 95-106.

Umanzor, Marta. *La visión de la mujer en la obra de Elena Garro:* El árbol, Los perros, Los recuerdos del porvenir, Testimonios sobre Mariana *y* La casa junto al río. Miami, FL.: Universal. Caniqui, 1996.

Urrutia, Elena. "El revolucionario que se fue limpio". *Novedades*, 8 de junio 1980. La Onda, 14.

_____. "Elena brillante e insensata". *Novedades*, 8 de noviembre 1981, La Guía, 7.

Verwey, Antonieta Eva. *Mito y palabra poética en Elena Garro*. México: Universidad Autónoma de Querétaro, 1982.

Winkler, Julie. "Insiders, Outsiders, and the Slippery Center: Marginality in *Los recuerdos del porvenir*. *Indiana Journal of Hispanic Literatures* 8 (1996): 177-95.

Zendejas, Francisco. "Elena Garro: Fuerza, furia, protesta". *Excélsior*, 29 de octubre 1980. Cultura 1.

ENTREVISTAS Y CARTAS CITADAS

Bioy Casares, Adolfo. Cartas. "La Universidad de Princeton abre al público la correspondencia de Adolfo Bioy Casares a Elena Garro", por Pascal Beltrán del Río. *Proceso* 1097 (1997) 74-80.

Garro, Elena. Carta. Madrid, 29 de marzo de 1980. *Protagonistas de la literatura mexicana*. Emmanuel Carballo. México: Ediciones del Ermitaño/SEP, 1986 (493-505).

____. Carta. Sin fecha. *Protagonistas de la literatura mexicana*. Emmanuel Carballo. México: Ediciones del Ermitaño/SEP, 1986 (513-518).

____. "Elena Garro: el regreso sin gloria, sus ocho gatos, la 'miseria insoportable', y el 'amor imposible' con Bioy". Entrevista por José Alberto Castro. *Proceso* 1097 (1997) 74-79.

____. "Sin rencores, Elena Garro, acompañada de su hija Helena, regresó a México para recibir un homenaje literario". Entrevista por Felipe Cobián. *Proceso* 784 (1991).

____. "En las garras de las dos Elenas". Entrevista por Carlos Landeros. *Los Narcisos*. México: Editorial Oasis, 1983 (103-134).

____. "El escándalo del 68 en la prensa. La historia que provocó el autoexilio de Elena Garro". Entrevista por Carlos Marín. *Proceso* 789 (1991) 48-51.

____. "Los recuerdos son su inspiración". Entrevista por Reynol Pérez Vázquez. *El Norte*. Monterrey, 9 de abril de 1994.

____. "¿Octavio Paz?... Me da horror pensar que un día no esté en el mundo: Garro", por Luis Enrique Ramírez. *La Jornada*, Cultura, 31 de marzo de 1994.

____. "Conversaciones inéditas: un viaje con Elena Garro hacia un tiempo melancólico". Entrevista por Patricia Rosas Lopátegui. *Proceso* 1139 (1998) 50-58.

____. "Con los recuerdos de Elena Garro y Helena Paz". Entrevista por Patricia Rosas Lopátegui. *Proceso* 1140 (1998) 56-62.

____. Entrevista inédita por Patricia Rosas Lopátegui. Julio, noviembre de 1997; enero de 1998.

____. "Diálogo con Elena Garro en la Capilla Alfonsina. Miguel Covarrubias, Minerva Margarita Villarreal y Genaro Saúl Reyes". Ed. Patricia Rosas Lopátegui. En *Junto a una taza de café. Conversaciones*. Miguel Covarrubias. México: Ediciones Castillo, 1994 (43-67).

____. "Entrevista con Elena Garro", por Joseph Sommers. *26 autoras del México actual*. Eds. Beth Miller y Alfonso González. México: B. Costa-Amic, 1978 (201-219).

Paz, Helena. "Mi papá, llorando, me perdonó". Entrevista por Armando Ponce. *Proceso* 782 (1991).

____. Entrevista inédita por Patricia Rosas Lopátegui. Noviembre de 1997.

Esta obra se terminó de imprimir
en enero de 2000 en los talleres de
Editorial Color, S.A. de C.V.
Naranjo 96 bis Col. Santa María la Ribera
México, D. F.

El tiraje consta de 1500 ejemplares
más sobrantes para reposición.